なるにはBOOKS

大学
学部調べ

体育学部・スポーツ科学部

山下久猛 著

ぺりかん社

はじめに

この本を手に取ってくれたみなさんは、学部選びで悩《なや》んでいるところだと思います。もしくは、体育やスポーツ、科学、健康と名のつく学部に興味があるのかもしれません。日《に》本《ほん》にはさまざまな学部・学科があります。そのなかからひとつを選ぶのはなかなか難しいですよね。もちろん選んだ大学・学部でその先の人生のすべてが決まるわけでは決してないのですが、そうはいっても大学4年間は長いし、人生に大きな影響《えいきょう》を与《あた》えることは間《ま》違《ちが》いないでしょう。だからこそみなさんも悩《なや》むのだと思います。

学部を選ぶ際は、深く探究したい学問や将来やりたい仕事で考える人ももちろんいるでしょうが、それらがまだ決まっていない人のほうが多いのではないでしょうか。私もそうでした。高校時代、特に学びたい学問もなく、将来やりたい仕事も思い浮《う》かばなかった私が選んだのは経済系の学部でしたが、今、高校生の自分に戻《もど》れるなら、体育・スポーツ健康科学系の学部を選ぶと思います。なぜなら、体育・スポーツ・健康系の学部こそ、当時の私のような将来やりたいことがわからない人にぴったりだからです。

「でもそういう学部は、体育の先生か養護教諭《きょうゆ》になりたい人が行くんじゃないの？」と思う人も多いかもしれませんが、今はそうではありません。この学部で学べることは、ほぼすべての学問領域と関係していると言っても過言ではないほど多種多様で、あらゆる方向から、人間が生きる上で必要な多くのことを科学的なアプローチで、理論と実践《じっせん》の両方から学べます。だから、入学してからやりたいことが見つかる可能性も高いのです。そもそも体はどんな仕事でも使うし、ただ生きるためにも使います。体育学やスポーツ科学はその体の使い方について学ぶ学問だから、その根本を知っておけばこれからの時代、どんな業界、業種、職種でも役に立つでしょう。

逆に勉強したいことや将来やりたい仕事が決まっている人にもうってつけです。学部内には将来の夢《ゆめ》を実現するために必要なことを身につけられるいろいろな学科・コースが設置されているからです。実際に、今回取材した卒業生は高校時代に希望していた職業に就くためにその学部に入り、必要な知識やノウハウを身につけ、夢《ゆめ》を実現させています。それが叶《かな》わなくても、人間について学ぶのでおもしろく、人が生きる上で必要なことを学べるので、仕事ではもちろん、ふだんの生活でもおおいに役に立ちます。具体的にどうおもしろくて役に立つかは、本書にくわしく書いてあるので読んでみてください。

この本がみなさんの学部選びの参考になれば、とてもうれしく思います。

著者

体育学部・スポーツ科学部　目次

はじめに……3

1章 体育学部・スポーツ科学部はどういう学部ですか？

Q1 体育学部・スポーツ科学部は何を学ぶところですか？……10
Q2 体育学部・スポーツ科学部では具体的にどういうことを学びますか？……14
Q3 どんな人が集まってくる学部ですか？……18
Q4 学ぶメリットはなんですか？……22
Q5 学んだことを社会でどう活かせますか？……26

2章 体育学部・スポーツ科学部ではどんなことを学びますか？

Q6 体育学部・スポーツ科学部には主にどんな学科がありますか？……32
Q7 体育学科では何を学びますか？……36
Q8 スポーツ健康学科では何を学びますか？……40
Q9 スポーツ科学科では何を学びますか？……44
Q10 スポーツ医科学科では何を学びますか？……46
Q11 武道学科では何を学びますか？……48

Q12 子どもスポーツ教育学科では何を学びますか？……50
Q13 体育学部・スポーツ科学部と結びつきやすい学問ジャンルはなんですか？……52
教員インタビュー1 日本体育大学 野井真吾さん……56
教員インタビュー2 法政大学 瀬戸宏明さん……60

3章 体育学部・スポーツ科学部のキャンパスライフを教えてください

Q14 体育学部・スポーツ科学部ならではの授業はありますか？……66
Q15 どんなゼミがありますか？……70
Q16 体育学部・スポーツ科学部ならではの授業外活動はありますか？……74
Q17 この学部ではどんな人や世界にふれることができますか？……78
Q18 体育学部・スポーツ科学部の学生の一日を教えてください……80
Q19 入学から卒業までの流れを教えてください……84
学生インタビュー1 国士舘大学 衛藤実優さん……88
学生インタビュー2 日本体育大学 本間 梓さん……92
学生インタビュー3 法政大学 小林真之さん……96
学生インタビュー4 立命館大学 原田涼平さん……100

4章
資格取得や卒業後の就職先はどのようになっていますか？
Q20 卒業後に就く主な仕事はなんですか？……106
Q21 体育学部・スポーツ科学部で取りやすい資格を教えてください……110
Q22 意外な仕事でも活躍している先輩はいますか？……114
卒業生インタビュー1 東京都立墨田工科高等学校　森本　遼さん……116
卒業生インタビュー2 東京消防庁練馬消防署　三島大史さん……120
卒業生インタビュー3 楽天野球団　谷口健人さん……124
卒業生インタビュー4 ミズノ　河原田ひかるさん……128

5章
体育学部・スポーツ科学部をめざすなら何をしたらいいですか？
Q23 体育学部・スポーツ科学部のある大学の探し方・比べ方を教えてください……134
Q24 かかわりの深い教科はなんですか？……136
Q25 学校の活動で生きてくるようなものはありますか？……138
Q26 すぐに挑める体育学部・スポーツ科学部にかかわる体験はありますか？……140

＊本書に登場する方々の所属・情報などは、取材時のものです。

1章

体育学部・スポーツ科学部は
どういう学部ですか？

Q1

体育学部・スポーツ科学部は何を学ぶところですか？

重なっている部分は多いが、学科によってかなり違《ちが》う

みんなは「体育」「スポーツ」「健康」などの言葉がついている学部、たとえば体育学部、スポーツ健康学部、スポーツ健康科学部、スポーツ科学部と聞くと、どんなことをイメージするだろうか。プロアスリートや学校の体育の先生になるために必要なことを学ぶ学部で、サッカーやバスケットボールなどのスポーツの実技の授業や、海や山で行う実習など、体を動かす授業がほとんどな学部だと思っている人も多いかもしれない。

確かに、ほとんどの体育学部の創設目的は、小中高校で保健体育を教える教員の養成と、世界で戦えるアスリートの育成だったので、他学部に比べるとそのような授業も多い。しかし、時代の流れとともに社会的にも体育やスポーツの重要性が高まり、ニーズが多様化したことで、今はひと口に体育・スポーツ系の学部といっても、さまざまな学科やコースがある。それによって学ぶことがまったくと言っていいほど違《ちが》うんだ。詳細《しょうさい》は後で学科

ごとに説明するね。

ただ、多くの学部で理念として掲《かか》げているのは、「社会に貢献《こうけん》できる心身ともに強靭《きょうじん》な人材や、人びとの健康維持《いじ》・増進、福祉《ふくし》の充実《じゅうじつ》と体育・スポーツ文化・ビジネスの発展に貢献《こうけん》できる人材の育成」。だから分野としては、大きく分けて「学校保健体育」「競技スポーツ」「生涯《しょうがい》スポーツ」「健康福祉《ふくし》」「スポーツ文化・ビジネス」の五つの分野について学ぶと考えていいだろう。だから体育・スポーツ・健康系の学部で学ぶことは、重なっている部分が多いんだ。

じゃあ、どんなことを学ぶのか。ほとんどの学部で共通して学ぶのは、すべての基礎《きそ》となる人体の仕組み・構造・機能や運動のメカニズム。また、小中高などの学校で子どもに保健体育を教える教員や、いわゆる保健室の先生である養護教諭《きょうゆ》として働くために必要な知識やスキル。それに、プロアスリートやそれを育成・指導するコーチやトレーナーになるために必要なコーチング学やトレーニング学などだ。

また、みんなも知っての通り、運動やスポーツは健康と深いかかわりがある。健康を維《い》持《じ》・増進するためには運動が必要不可欠だ。でも、ただ運動をすればいいというものではもちろんない。間違《まちが》ったやり方で運動をすれば、健康になるどころか、ケガをしたり、健康を損なってしまう危険性だっておおいにある。だから、健康の維持《いじ》・増進のために運動をする際の正しい方法も学ぶ。

医療《いりょう》やビジネスの分野もカバー

特にスポーツ科学や健康科学など、「科学」がついている学部は、運動・スポーツや健康をより科学的なアプローチで研究する学科やコースが多い（以降、便宜上《べんぎじょう》「スポーツ科学部」と表記するけれど、学ぶ内容がほぼ同じなので、その中に「スポーツ健康学部」や「スポーツ健康科学部」も含《ふく》む）。

たとえば、運動のメカニズムを科学的な装置《そうち》を使用して計測し、得られたデータを分析《ぶんせき》して運動能力の向上のためにトレーニング方法を開発・改善したり、在学中からスポーツ用品メーカーと組んで、

主な学部の系統別分類

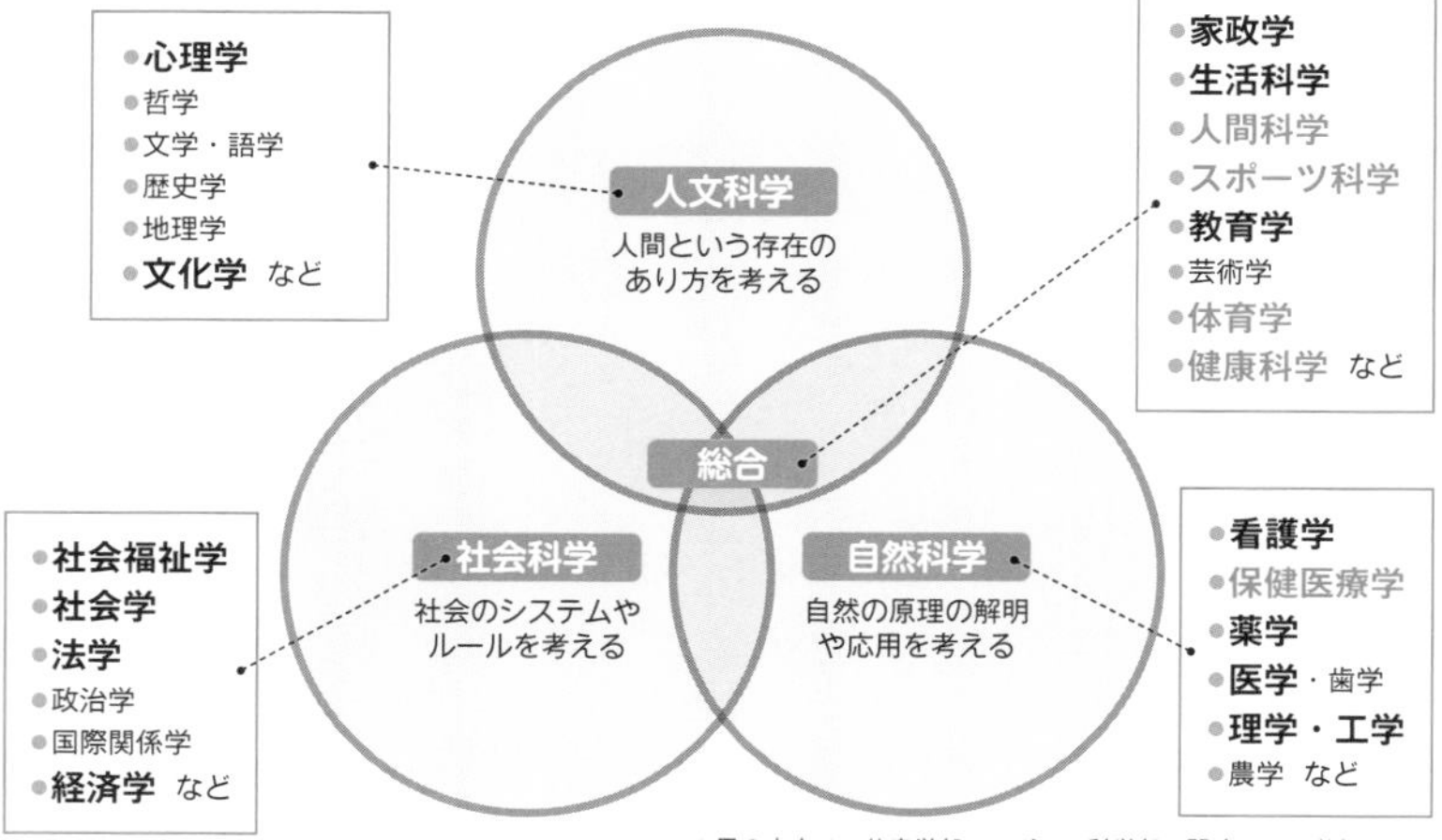

※黒の太字は、体育学部・スポーツ科学部に関連のある学部だよ！

シューズやウエアなどのスポーツ用品の開発のサポートをしている先輩《せんぱい》もいる。ただ、学科やコースによってかなり違《ちが》うので、事前に大学のホームページやオープンキャンパスなどでよく調べよう。

もうひとつ、スポーツと名のつく学部では、スポーツビジネスについて専門的に学べるコースもある。たとえばプロ野球の球団やＪリーグのサッカーチームなど、プロスポーツの団体の運営や経営のノウハウを勉強する。スポーツが好きな人やスポーツビジネスに興味のある人は、調べてみるのもいいだろう。

だから体育学部やスポーツ科学部は、文系も理系も、人文科学、社会科学、自然科学、総合とすべての学問領域と深いかかわりがあると言っても過言ではない。

ただ、科学的にアプローチする学びや、ビジネスについての学びも体育学部の中にある大学もある。同じ学部名でも大学によって学べることが大きく違《ちが》うから、自分が何を学びたいのかをおおまかにでも考えた上で、大学のホームページなどでよく調べることをお勧《すす》めするよ。

人体・健康・スポーツについて学べる

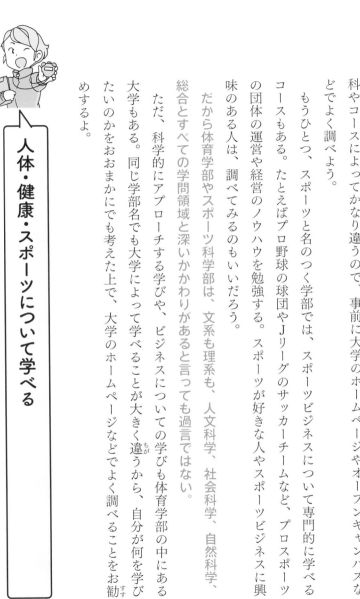

Q2

体育学部・スポーツ科学部では具体的にどういうことを学びますか？

体力には2種類ある

ここからはもう少し具体的に、体育学部・スポーツ科学部で学ぶことを説明しよう。ある体育大学体育学部の教授が教えてくれた、興味深い話を紹介《しょうかい》するね。

たとえば基本的なことだけど、みんなは「体力とは何か？」と聞かれたら、明確に答えられるかな？　真っ先に想像するのは、ハードな運動を長時間続けられる力だろうか。もちろんそれもある。でもそれだけじゃない。

そもそも体力は、「人間として生存、生活するための基礎的《きそてき》な能力」と定義されている。ちょっとざっくりしすぎているよね。しかも、体力には大きく分けて2種類あるんだ。

ひとつ目は筋力・持久力・瞬発力《しゅんぱつりょく》・柔軟性《じゅうなんせい》など。体力という言葉でイメージしやすいよね。体を動かすためにもっている力を外に向けて発揮していく時に使う力だから、「行動体力」という。

二つ目は、外部からの変化に大きく影響《えいきょう》されないように、体の中を一定の状態に保とうとする力。たとえば、体の中に入ってきた細菌《さいきん》やウイルスに負けないよう抵抗《ていこう》する力や、季節の変わり目や環境《かんきょう》の変化などで急に暑くなったり寒くなったりした時でも、体温を一定に保とうとする力だ。これをホメオスタシスや恒常性といって、このような体力を「防衛体力」という。これを担うのが自律神経系、免疫《めんえき》系、ホルモン系などだ。防衛体力はさまざまなストレスから私たちを守ってくれているんだ。体調を崩《くず》したり、カゼを引いた時に「最近体力ないんだよな」みたいなことを言うけど、それがこっちのほうの体力だね。

これら行動体力と防衛体力などは身体的な要素なんだけど、当然やる気や意思などの心の影響《えいきょう》も受けるし、特にストレスは心因性のものも多いから、精神的要素もかなりの割合を占《し》める。それを含《ふく》めて全体として体力と定義されているんだ。

運動能力の低下の原因は?

なお、体力と混同しがちなのが運動能力だ。両者は密接な関係にはあるけれど、体力と運動能力は違《ちが》う。たとえば、垂直跳《と》びはほぼ脚《あし》の筋力や瞬発力で決まるから体力要素。でも、走り幅跳《はばと》びは単なる脚《あし》の筋力や瞬発力だけじゃなくて、敏捷《びんしょう》性や協応性、柔軟性などいろいろな体力の複合体としてのパフォーマンスで決まるから、運動能力要素だ。

みんなもスポーツテストをやったことがあると思うけれど、測定してみると近年の子どもは、体力は高いけれどこの運動能力が低いという傾向《けいこう》にあるようなんだ。体力はあるけれど、走る、跳《と》ぶなどの動きを連動させた運動をさせるとうまくできない。

また、体育学部の教授が調べてみると、「調子の悪さ」があることがわかった。みんなもやる気がないわけじゃないけど、「なんとなく調子が悪い」とか「だるいからやる気が出ない」と感じることはないだろうか。その理由のひとつに、睡眠《すいみん》不足がある。

現代の子どもたちは忙《いそが》しい。勉強や習い事だけじゃなくて、夜遅《おそ》くまでゲームをしたりYouTubeを見たりして、授業中に居眠《いねむ》りをしちゃった、という人も少なくないんじゃないかな。ちなみに、世界で一番睡眠《すいみん》不足なのが日本の子どもというデータもある。

睡眠《すいみん》不足はさまざまな弊害《へいがい》をもたらす。防衛体力や精神力の低下もそのひとつだ。だから最近の子どもは、行動体力はそんなに低下してないんだけど、防衛体力はどんどん低下しているという事実がわかってきた。この事実に衝撃《しょうげき》を受けてその教授は、この問題を解決したいと「子どもの心身の健康」をテーマにして、研究を続けてきた。

その結果、いろいろなことがわかってきた。子どもの唾液《だえき》を採取して調べたら、睡眠導入ホルモンといわれるメラトニンの分泌《ぶんぴつ》パタンが乱れていることがわかった。メラトニン

体育学は科学的な学問でもある

は太陽の光を浴びると分泌《ぶんぴつ》される。だから朝早くから活動すればするほどたくさん出るんだけど、そのためには夜も早く寝《ね》る必要がある。また、このメラトニンは暗くなると分泌《ぶんぴつ》されて眠《ねむ》くなり、ぐっすり眠《ねむ》れるから疲《つか》れも取れて、朝早く起きることができる。

実際に、この話を教えてくれた教授のゼミでは、学生がその研究をしているんだ。

具体的には、元気のなかった子どもたちが夏休みに1カ月間キャンプに参加した。すると、キャンプ中は5時に起きて20時前には就寝《しゅうしん》という規則正しい生活が自然に送れるようになっていく。そして、どんどん元気になっていった。姿勢が悪い子やかったるいと言う子は一人もいなくなった。キャンプ後に子どもたちの唾液《だえき》を採取して調べてみると、メラトニンの分泌《ぶんぴつ》パタンが改善されていた。

どう？　おもしろいと思わない？

体育学は体を使うことがメインの学問だと思っている人が多いけれど、実は人の体や脳、心に関する問題を見つけ、リサーチしてデータを集め、集計、分析《ぶんせき》して、人がより元気に、健康になるための答えを見つけるというような、科学的な学問でもあるんだ。

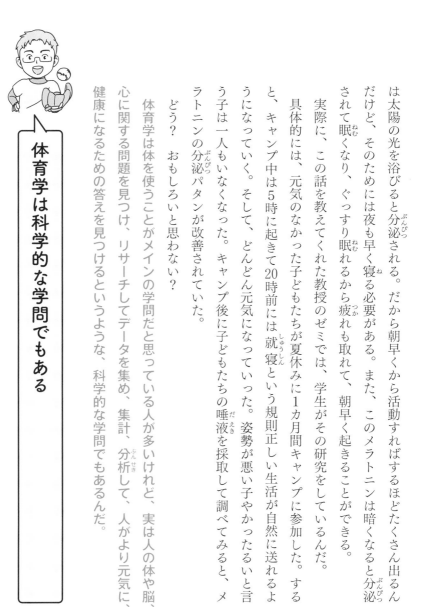

Q3

どんな人が集まってくる学部ですか？

運動やスポーツに興味のある人

まず、学部名の通り、基本的に体育や運動など体を動かすことが好きな人、スポーツや健康に興味のある人が多く集まってくると言えるだろう。ただ、体育学部・スポーツ科学部は体育や運動が得意じゃないと入ってから苦労すると思っている人も多いと思うけど、決してそんなことはないよ。もちろん他学部に比べれば運動やスポーツの実技の授業は多いけれど、全体として見ればむしろ座学のほうが多い。体育学部やスポーツ科学部の中で学べることは、本当に多岐《たき》にわたる。

実際、今回取材した体育学部・スポーツ科学部の先生や学生、卒業生たちも、「運動が得意じゃなくてもまったく問題ない」と口をそろえて言っていたよ。それに、なにも自分でプレーするだけが運動やスポーツの醍醐味《だいごみ》じゃない。観戦したり応援《おうえん》したりするのも、立派なスポーツの楽しみ方だ。

だから、運動が得意か否かよりも重要なのは、興味の有無。人の体や心、体を動かすこと、スポーツなど、体育学部やスポーツ科学部の中で学べることは本当に多岐《たき》にわたる。それらのうち、何かひとつでも興味があれば、入学してからもっと勉強したいと思えることがきっと見つかるはずだ。逆に言うと、それらに興味がまったくないと入学してから苦労するかもしれない。

将来めざす職業によってさまざまな人が集まってくる

また、今や体育学部・スポーツ科学部にはさまざまな学科や専門コースがある。くわしくは2章で解説するけれど、そのほとんどが特定の職業に就くため、あるいは専門的な資格を取得するためにカリキュラムが組まれているので、将来の目標をある程度定めている人が多いと言えるだろう。この辺が経済学部や法学部との違《ちが》いだろうね。

たとえば、卒業生の8割が中学校・高校の保健体育の教員免許《めんきょ》や養護教諭《きょうゆ》の免許《めんきょ》を取得する、と謳《うた》っている学科があるとしよう。そこには、中高の保健体育の教員や養護教《きょう》諭《ゆ》をめざす人が集まってくる。

アスリートとしての身体・運動能力の向上を目的とするコースには、オリンピックや世界選手権でのメダル獲得《かくとく》やプロアスリートをめざす人が集まってくる。キャンパス内や同じクラス、ゼミ、部活でテレビのスポーツ番組でよく見るアスリートがいるというのもこの学部ならではの特徴《とくちょう》だ。そのようなプロアスリートを指導・サポートしたり、体のケアについてのノウハウを教えるコースには、コーチやアスレティックトレーナーをめざす人が集まってくる。

主に小学校の教育者として、体育・スポーツを通じた学校づくりや地域づくりに貢献《こうけん》できる教員の育成に特化している学科には、スポーツが得意な小学校教員をめざす人が集まってくる。救急救命士の養成に特化している学科には、救急隊員として消防署で働きたいという目標をもった人が多く集まってくる。スポーツビジネスについて専門的に学ぶコースには、プロ野球の球団やプロサッカーチームに入って経営にかかわりたいという夢《ゆめ》をもった人が集まる。

武道の指導者や健康に興味のある人

体育学部の中に武道学科のある大学も多い。武道の特徴《とくちょう》は、勝敗よりも人格陶冶《とうや》（人の性質や能力を円満に育て上げること）や、人間形成を重視している点だ。また、70、80代など、高齢《こうれい》になっても続けられるのもスポーツとの大きな違《ちが》いだ。武道学科には、みずからも武道を通じて人間的に成長し、その武道精神を国内外に広める指導者を志望する人が多く集まってくる。

また、近年、ますます健康志向が高まっている。健康の維持《いじ》・増進のために必要なことを科学的に学ぶコースには、健康に興味がある人や、健康食品やサプリメント、健康器具をつくっているメーカーなど、人びとの健康に貢献《こうけん》する企業《きぎょう》に就職したいと考えている人が集まってくる。

このように大学で学ぶことと職業が直結していることも、体育学部・スポーツ科学部の大きな特徴《とくちょう》といえるだろう。実際に今回取材した大学生や卒業生も、入学する前にある程度将来の目標を決めていた人が多かったよ。

ただ、そこまで明確に将来の職業を決める必要はない。実際に卒業後、スポーツや運動、健康とは関係のない一般《いっぱん》企業《きぎょう》に就職する人もたくさんいる。そもそも中高時代に将来の夢《ゆめ》が決まっている人のほうが少ないだろう。だからさっきも言った通り、なんとなく人の体や運動、スポーツ、健康に興味があるというだけでもまったく問題ない。入学後、興味を引かれた分野を専門的に勉強すれば、将来やりたいこともおのずと見えてくるはずだ。

将来の夢《ゆめ》に応じていろいろな人が集まってくる

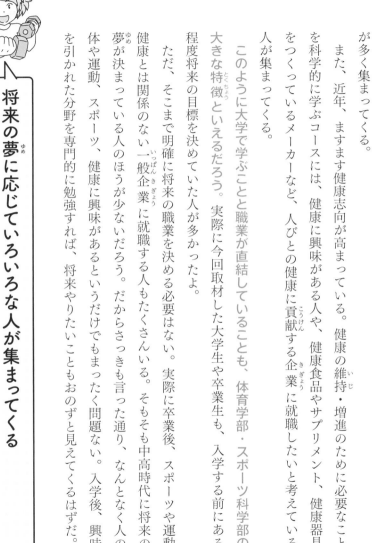

Q4

学ぶメリットはなんですか？

睡眠《すいみん》のメリット

Q2で、睡眠《すいみん》のメリットについて紹介《しょうかい》したけど、このような効果はなにも子どもに限ったことではないんだ。

ある時、アメリカのスタンフォード大学の教授が、バスケットボール部の学生の睡眠《すいみん》時間を調べたら6時間41分しかなかった。忙《いそが》しいのはわかるけど、睡眠《すいみん》の研究者や大学の先生は、よりパフォーマンスを上げるためには10時間睡眠《すいみん》が望ましいと考え、学生たちに「明日から10時間眠《ねむ》るように」と伝えた。でも大学生ともなると、10時間眠《ねむ》るのは難しい。だから眠《ねむ》れなくてもいいから、10時間は部屋を暗くしてベッドから出ないようにした。

そうすると5～7週間後には、睡眠《すいみん》時間が8時間28分に増えた。その結果、すごいことが起こった。バスケットボールのコートを行ったり来たりする折り返し走のタイムが0・7秒速くなったり、スリーポイントシュートの成功率が10％以上もアップした。精神状態

も活動性がアップし、抑《よく》うつ、疲労《ひろう》、情緒《じょうちょ》混乱などが減少した。まさにいいことずくめだった。寝《ね》るのにお金はかからないし、努力も必要ないよね。にもかかわらず、睡眠《すいみん》時間を増やすだけでパフォーマンスが10%もアップした。大学生で10%だから、中学生や高校生のみんなはもっとアップする可能性が高い。

こういうエビデンス（科学的根拠《こんきょ》）に基づく睡眠《すいみん》のメリットを聞くと、単に親や先生から早く寝《ね》なさいと小言を言われるより、自分からそうしようと思うんじゃないかな。とはいえ早寝早起き《はやねはやおき》をずっと続けることは難しいかもしれない。けれど、なんとなく調子が悪い時にこの話を知っていれば、睡眠《すいみん》時間を増やしたり、早寝《はやね》早起きにすれば元気を取り戻《もど》せるかもしれない。また、社会に出て仕事をするようになると、なんとなく体調が悪くてやる気が出ないとか集中力が続かなくて納得のいく仕事ができない、あるいは成果が出せないということがよくある。そんな時にその原因がわかっていれば、人間本来の生活リズムに戻《もど》して、仕事でも高いパフォーマンスを発揮できるようになるかもしれない。

生きる上で役に立つ

幸せに生きる上で欠かせない健康に関する知識も得られる。健康維持《いじ》・増進のためには規則正しい生活のほか、栄養バランスの取れた食事や適度な運動・トレーニングが欠かせない。でも、自己流ではかえって体調を崩《くず》したり、ケガをしたりと逆効果になってしまうおそれがある。恥《は》ずかしながら筆者も、以前ダイエットと体力づくりを目的に自己流で極端《きょくたん》な減量やトレーニングを行ったところ、一時的に体重は減ったものの、すぐにリバウンドしたり膝《ひざ》を痛めてしまったことがある。

その点、体育学部やスポーツ科学部では、長年の研究で得られた科学的根拠《こんきょ》に基づく最新の栄養学や運動生理学、トレーニング学を学べるので、残念な結果に終わる可能性も低くなる。実際に大学時代に学んだ知識やノウハウを卒業後も食事やトレーニングに活用して、心身ともに健康を維持《いじ》している卒業生もたくさんいるよ。ある先輩《せんぱい》は、大学時代にトレーニング指導者の資格を取ったので、月ごとに目標を決めてトレーニングメニューを作成して、それに沿って毎日トレーニングしている。その結果、社会人になっても健康で、体力も落ちていない。大学時代に学んだことがとても役に立っていると言っていたよ。

これからの超高齢《ちょうこうれい》社会では、単なる寿命《じゅみょう》よりも、問題なく動けて、自分の身の回りのことは自分でできる健康寿命《じゅみょう》のほうが重要だ。それに、医療《いりょう》とは違《ちが》い、なってしまった病気を治すのではなく、病気にならない、つまり「未病」という考え方がより重要になってくる。体育学部やスポーツ科学部では、そのために必要なさまざまな知識やノウハウを学べる。体育学やスポーツ健康学は、ウエルビーイング、つまり、はつらつとよりよく生きていくための学問。今後、社会により必要とされるだろう。

ケガ・災害時にも強い

応急処置の仕方も学ぶので、自分や身近にいる人がケガをした時や、急病で倒《たお》れた時などに正しい処置ができる。日常生活での軽いケガはもちろん、日本《にほん》ではいつどこで自然災害が起こってもおかしくない。近い将来、首都直下地震《じしん》や東南海大地震《おおじしん》などの大規模災害も懸念《けねん》されている。体育学やスポーツ科学を学ぶことによって、そういった危機的状況《じょうきょう》に直面した時でも、自分自身が生きのびるためや、人の命を救うための応用力・人間力も身につけられるんだ。

このように、体育学やスポーツ科学は教育現場だけではなく、私たちの日常生活にもダイレクトに役立てることができる。別の言い方をすると、社会と直接つながっている学問ということもできるんだ。

生きるために役立つ学問だ

Q5

学んだことを社会でどう活かせますか？

あらゆる局面で必要なコミュニケーション力が身につく

社会に出ると仕事でも私生活でも、良好な人間関係を構築したり、成果を出したりするために、コミュニケーション力が必要不可欠となる。これらの格好の訓練の場となるのが体育やスポーツだ。たとえば部活で、部として打ち立てた目標に向かって、同学年の部員、先輩《せんぱい》、後輩《こうはい》、顧問《こもん》、コーチなど、あらゆる関係者と話し合いつつ協力することや、自然の中、集団で行う野外実習を通して、コミュニケーション力や団結力を養うことができる。

メンタルが強くなり、少々のことではへこたれなくなる

部活や野外実習などで鍛《きた》えられるのは、コミュニケーション力だけではない。社会に出て働くようになると、時にはつらく、苦しい局面にも出くわすだろう。そんな時でも耐《た》え、乗り越《こ》えられる精神力を体育やスポーツを通して養うことができる。

こんなことを言うと、若い人たちからは根性論だと敬遠されてしまうかもしれない。でもちょっと待ってほしい。これまでは根性で片付けられていたものが、そうじゃないことが最近わかってきたんだ。

アメリカのハーバード大学医学部臨床《りんしょう》精神医学の准《じゅん》教授で、開業医としても活躍《かつやく》しているジョン・レイティという人が『脳を鍛《きた》えるには運動しかない！　最新科学でわかった脳細胞《さいぼう》の増やし方』（ＮＨＫ出版）という本を書いている。レイティは精神科医でありながら「うつ病を治したければ薬を飲むより運動しろ」と主張している。心は脳から生まれるので、脳を鍛《きた》えたら心も強くなる。そのためには運動が一番だと言っているんだ。

つまり、実は運動によって脳を鍛《きた》えることで心が強くなるから、ストレス耐性《たいせい》がつき少々のストレスではへこたれず、精神的ダメージから回復する力もつく。だからつらいことがあってもへこたれず立ち直ることができる、いわゆる根性が身につく。これまで「根性」の二文字で片付けられてきたものの中身が科学によって見えてきたわけだ。

昔《むかし》の根性論との大きな違《ちが》いもまさにここにある。数十年前は有無を言わさず闇雲《やみくも》にきつい練習をさせることで根性がつくと思われていたが、科学を重視する現代の体育学やスポーツ科学では、脳が鍛《きた》えられ、強靭《きょうじん》な精神力を身につけるための適切な運動法が研究されている。これによって、必要以上の負荷をかけずに精神力を強くすることが可能となっている。さらに脳を鍛《きた》えることによって精神力だけではなく、やる気や集中力も高まる。このように、運動は人の能力を100%発揮することに貢献《こうけん》できることもわかってきた。

また、自分の心のコントロール法はスポーツの実践《じっせん》以外でも学べる。たとえばスポーツ心理学では、スポーツにかかわる悩《なや》み・課題解決に加え、人格的成長をめざすための心理支援《しえん》方法なども学ぶ。だから、仕事で大きなミスをして落ち込《こ》んだ時でも、比較的《ひかくてき》早く回復できたり、重いプレッシャーや強いストレスを感じていても、うまくモチベーションに転化させて成果を出すといったことも可能となるんだ。

スポーツコーチングのノウハウ

大抵《たいてい》の体育学部・スポーツ科学部で学べるスポーツコーチングは、そもそもはアスリートのレベルアップのためにアメリカで発祥《はっしょう》した学問なんだけど、近年日本でもニーズが高まっていて、学科やコースとして設置している大学も多い。

このスポーツコーチングを土台として開発されたビジネスコーチングは、社員育成と業績アップに有効であるため、数多くの企業《きぎょう》が導入している。なかにはビジネスコーチングを事業の主体としている企業《きぎょう》や個人も多い。それだけ社会でニーズがあるので、スポーツコーチングで個人の能力ややる気を伸《の》ばすノウハウや組織論を学べば、企業《きぎょう》の中で社員育成などに貢献《こうけん》できるし、部署の長としてリーダーシップも発揮できる。

今は多様性が重視される時代なので、これからのリーダーは部下を圧倒的《あっとうてき》な力でグイグイ引っ張っていくだけではなくて、いろいろなタイプの人とうまくコミュニケーションをとりつつ同意を得ながら、いっしょに進んでいく必要がある。スポーツコーチングではそんな手法も学べるので、会社に入ってからもおおいに活かせるだろう。

自発的な問題発見・解決能力や論理的思考力

体育学部やスポーツ科学部には、科学的アプローチからスポーツを研究する学問領域がある。授業やゼミなどで、自分が主体となって科学的に調査・分析《ぶんせき》・研究するので、自分で問いや仮説を立て、それを証明するためにどうすればいいかを考え、行動するという自主性が身につく。また、その過程で、さまざまなエビデンスから論理的に考えて実践《じっせん》する能力も養える。このようなエビデンスを重視した論理的思考力は、どんな仕事にも活かせるよ。

2章

体育学部・スポーツ科学部では
どんなことを学びますか？

Q6

体育学部・スポーツ科学部には主にどんな学科がありますか？

基本的な四つの領域

　1章のQ1で説明したように、体育学部・スポーツ科学部は、人間の体や心、動き、スポーツ、健康を研究対象とする学問なので、学ぶ領域はかなり広く、学科やコースの種類も多岐《たき》にわたっているよ。なかには体育学部の中にスポーツ科学科がある大学もある。しいて違《ちが》いを言うなら、スポーツ科学部のほうがより科学的なアプローチで研究したり、スポーツビジネスや健康について専門的かつ科学的に学べる学科やコースを設置しているということだろうか。でも、体育学部の中にそのような学科やコースを設置している大学もある。そして学科、コースによって学ぶ内容は同じ学部かと思うくらいまったく違《ちが》う。

　だから学問分野や部門で分けるのは難しいんだけど、将来の進路によっておおまかに四つの領域に分けることができる。

　ひとつ目は「教育」。将来、中高の保健体育の教員や養護教諭《きょうゆ》、ニーズが高まっている体育の得意な小学校の教員や幼児体育指導員などの養成を目的とした領域だ。サッカーなどの実技を通して体育の授業の指導案を学生自身が作成する体育科教育実践《じっせん》法や、養護教諭《きょうゆ》として現場で求められる対応力を学ぶ看護臨床《りんしょう》実習、養護実習などがある。

二つ目が「競技スポーツ」。将来、プロアスリートやコーチングスタッフ、トレーナーを目標に、競技力の向上やアスリートを支えるための知識やスキルを身につける。たとえば、スポーツトレーニング論では、アスリートやコーチに必要な運動・スポーツトレーニングに関する知識を学ぶ。また、スポーツの現場で生じるさまざまなケガに対して、適切な救

体育学部・スポーツ科学部にある主な専攻・学科

教育について学ぶ

- 体育学科
- 健康学科
- 武道学科
- スポーツ教育コース
- 体育科教育コース（教員養成コース）
- 学校体育コース
- 健康教育専攻
- 子ども運動教育学科
- 子どもスポーツ医科学科
- 幼児発達学専攻

など

競技スポーツについて学ぶ

- スポーツ科学科
- 武道学科
- 競技スポーツ領域
- スポーツコーチングコース
- スポーツトレーナーコース
- アスレティックトレーナー専攻
- アスリートコース
- スポーツ心理・カウンセリングコース　など

医科学・健康科学について学ぶ

- スポーツ医科学科
- 健康学科
- 健康科学科
- 健康科学コース
- 福祉支援専攻
- ヘルスプロモーション領域
- ソーシャルサポート領域
- 健康福祉学科
- スポーツ健康学科
- 柔道整復師コース　など

スポーツビジネスについて学ぶ

- スポーツビジネスコース
- スポーツマネジメントコース
- スポーツ情報マスメディア学科

など

急処置を施《ほどこ》せる能力を身につけるアスレティックトレーニング論などがある。スポーツ科学部のなかには、より科学的にスポーツパフォーマンス向上に役立つ生理学・生化学・生体化学・工学分野について学ぶコースもあるよ。

三つ目が「医科学・健康科学」。体育・スポーツと医学・健康は切っても切り離《はな》せない。人びとの幸福、豊かな生活を実現する上で基礎《きそ》となる健康について、医学や科学的手法を用いて理論と実践《じっせん》を学ぶ領域だ。健康の維持《いじ》・増進に関する運動・身体活動について学ぶ運動生理学やジョギング・ウォーキング実習、栄養の効果などを学ぶ栄養学などがある。また、医学に関する知識と実践的《じっせんてき》な実習で人命救助法を身につける学科もある。卒業後は救急救命士として消防署で働く人や、健康運動指導士になる人、健康・医療《いりょう》機器メーカー、食品・栄養関連企業《きぎょう》などに就職する人が多いよ。

四つ目が「スポーツビジネス」。スポーツ関連ビジネスはプロスポーツチームの運営やスポーツイベントの主催《しゅさい》、スポーツを伝えるメディアなど多岐《たき》にわたる。スポーツビジネスならではの経営学や経済学、組織論、マーケティング論、マネジメント論などを学ぶよ。ビジネスとしてスポーツにかかわるために、必要なことが身につけられる。

いろいろな学科がある

体育学部・スポーツ科学部の学科を調べてみるとかなり細分化されていて、いろいろな学科や専門コースがあることがわかる。多くの体育学部の中にある定番の学科は、体育学科、武道学科など。ほかには、運動科学科、健康学科、スポーツ健康学科、スポーツ医科学科、子どもスポーツ教育学科、生涯スポーツ学科などさまざまな学科がある。

一方、スポーツ科学部の場合は、スポーツサイエンスコース、健康運動科学コース、スポーツ医学コース、スポーツビジネスコースなどの専門コースに分かれている大学が多い。くり返しになるけれど、この学部はいろいろな学科や専門コースがあって、それらは大学によってかなり違《ちが》う。

また、特定の職業に就くことを目的として、カリキュラムを組んでいる特殊《とくしゅ》な学科・コースもある。その辺りは大学・学部によるので、特に自分が学びたいことや将来の目標が決まっている人は、各大学のホームページをくわしく調べたり、直接問い合わせてみることをお勧《すす》めするよ。もちろん決まっていない人も心配ない。この学部は幅広《はばひろ》い分野を学べるので、入学してから興味をもてる学問が見つかるはずだ。

将来の目標に応じていろいろな学科がある

Q7 体育学科では何を学びますか？

体育学全般《ぜんぱん》を幅広《はばひろ》く学べる

多くの体育大学や体育学部にあり、体育学全般《ぜんぱん》について学べる。なかには体育学科しかない体育大学もあるよ。

だいたいどの大学の体育学科でも、1年生の時は語学や一般《いっぱん》教養に加え、体育学の研究領域の概要《がいよう》や、大学での学び方、論理的思考について学ぶ。体育学の基礎《きそ》・基本もこの時期にしっかり学ぶよ。たとえば科目としては、体育原理、解剖《かいぼう》学、運動生理学、スポーツ栄養学などがある。運動・スポーツの基礎的《きそてき》な実践《じっせん》力を身につけるために、バスケットボールやサッカーなどの実習も多い。

2年生からはより専門的な学びになるんだけど、将来めざす職業によっていくつかの領域やコースを設定している大学も多い。そのなかからいくつか紹介《しょうかい》しよう。

学校の体育教員を養成するコース

体育学部やスポーツ科学部の中に必ずと言っていいほどあるのが、中学・高校の保健体育の教員養成を目的とした「学校体育コース」や「スポーツ教育コース」などだ。その理由は、そもそもどの大学の体育学部もこれを目的として創設されたからだ。その伝統を今に受け継《つ》ぎ、学生の8割が中学高校の保健体育の教員免許《めんきょ》を取得しているという大学や、毎年300人ほどの卒業生が中学高校の保健体育の教員になるという大学もあるよ。将来、保健体育の先生になりたい人は、このような大学に入るといいだろう。

教員採用試験合格のために特化したカリキュラムが組まれていて、体育の授業計画の仕方、教え方、進め方を学ぶ。ひとつのクラスの中には体力のある生徒、あまりない生徒、運動能力が高い生徒、低い生徒など、いろいろな生徒がいる。そんな中で、みんなが安心・安全に、運動が苦手な生徒も楽しめるような指導法を理論と実践《じっせん》を通して身につける。

専門科目の学びを通して、スポーツ情報やスポーツ医科学に関する知識のほか、コンディション管理やスポーツ傷害予防、応急処置に関する知識と技能を習得できるよ。

ある高校の体育教師として働いている体育学科卒の先輩《せんぱい》は、「すべての授業が今の仕事に役立っている。座学では特にスポーツ心理学で学んだことが、指導者として生徒たちにベストなパフォーマンスを発揮させる上でとても有益だった」と語っていたよ。

トップアスリートを養成するコース

トップアスリートやプロアスリートの養成を目的とした「アスリートコース」や、「競技スポーツ領域」と呼ばれるコース。経験豊富な指導者のもと、科学的な知見と手法でフィジカル・メンタル両面のトレーニングを行い、スポーツ技能の向上をめざす。大学によっては、世界選手権やオリンピックに出場し、メダルを取った学生も多く在籍《ざいせき》している。学科として独立している大学もあるよ。

このアスリートコースで学ぶ知識やノウハウは、ほとんどコーチやトレーナーとしても応用できるので、このあと紹介《しょうかい》するスポーツコーチングコースとスポーツトレーナーコースがいっしょになっている学部や学科もある。

競技スポーツ指導者を養成するコース

競技スポーツ指導者を養成する「スポーツコーチングコース」や、「コーチ教育コース」という名称《めいしょう》のコース。スポーツコーチとしてアスリートの競技力を向上させるための理論と方法、科学的なトレーニング方法の技術・戦術分析《ぶんせき》法など、実践的《じっせんてき》知識・ノウハウについて学ぶ。

たとえばスポーツトレーニング論では、運動・スポーツの指導に必要な心・技・体それぞれの活動の重要性を柱に、運動、スポーツ、トレーニングに関する基礎《きそ》知識を学修する。また、アスリートだけではなく、一般人《いっぱんじん》が運動不足にならないための対策や、健康維持《いじ》のための適度な運動の指導法なども学べる。

スポーツ選手を支えるトレーナーを養成するコース

スポーツ選手を支えるトレーナーの養成を目的とした「スポーツトレーナーコース」や、「アスレティックトレーナー専攻《せんこう》」などのコース。スポーツ競技者のケガの予防ケアとパフォーマンス向上を目的としたコンディショニング調整や、ケガをした際の応急処置、機能回復や改善の手助けとなるリハビリテーション、運動療法《りょうほう》の指導法などを学ぶ。

これらのコースは、体育学科の中だけではなく、スポーツ科学部やスポーツ健康学部の中に設置している大学も多いよ。

Q8 スポーツ健康学科では何を学びますか？

スポーツと健康について学ぶ

スポーツをすることで気分が爽快《そうかい》になったり、体力がついたりする。だから、スポーツと健康は切っても切り離《はな》せない関係にある。そんな人類にとって必要不可欠なスポーツの振興《しんこう》と、人びとの健康づくりに貢献《こうけん》できる人材の養成を目的としているのが、スポーツ健康学科だ。この学科も、将来希望する進路に応じていくつかのコースを設けている大学が多い。そのうちのいくつかを紹介《しょうかい》しよう。

ヘルスデザインコース

身体の構造や機能に関する医科学的知見をベースに、スポーツと身体活動を通した健康の維持《いじ》、増進のための身体や運動のメカニズムを学ぶ。具体的には、主に機能解剖《かいぼう》学、運動学、運動生理学などの身体機能に関する学問分野を中心に学修し、さらに身体活動やエクササイズのノウハウなども勉強するよ。これらを通して、健康増進や疾病予防《しっぺい》についての理解を深める。

実習系科目も多く、たとえばアスレティックトレーナー概論《がいろん》では、スポーツをする人を支える人材を養成するために、アスレティックトレーナーとは何かということから学びが始まる。そして、アスレティックトレーナー制度の役割、医科学スタッフとの連携《れんけい》・協力、組織の運営と管理方法などについて、日本と諸外国を比較《ひかく》しながら学ぶよ。

また、運動処方・負荷テストでは、運動負荷テストの目的や禁止事項《じこう》などについて学び、各種負荷方法と装置《そうち》の特性や、自覚的運動強度、負荷試験の中止基準などを習得する。また、運動負荷心電図や心肺運動負荷試験の基本となる理論を学び、運動負荷テストに基づいた、さまざまな運動処方の方法論と実践《じっせん》法を学ぶ。これらによって、一人ひとりの体力、健康状態に応じた効果的な運動の処方箋《せん》をつくることができるんだ。

卒業後は、健康管理指導をはじめ、ケガや病気からスポーツ活動や社会復帰をめざす人びとの支援《しえん》者として活躍《かつやく》する人が多いよ。

スポーツビジネスコース

近年の筋トレブームで、フィットネスクラブやスポーツクラブなどで指導できる人材の需要《じゅよう》が増えている。また、Jリーグに代表されるような、地域に密着した多種目・多世代・多様性を備えた総合型地域スポーツクラブなどが、ますます盛《も》り上がりを見せている。

このように、多様化・複雑化するスポーツビジネスの振興《しんこう》策を計画・運営できる専門的な能力を身につけ、スポーツ関連事業で活躍《かつやく》できる人材の養成を目的としているのが、スポーツビジネスコースだ。スポーツが地域社会の活性化や人びとの生活の質の向上、産業としての成立・成長などにいかに貢献《こうけん》できるかを研究の柱として、国や地方自治体のスポーツ振興《しんこう》のための政策や民間企業《きぎょう》の事業としてのスポーツ運営・経営の方法を学ぶよ。具体的な学問分野には、マネジメント、マーケティング、メディア戦略、スポーツプロモーションなどがある。

たとえばスポーツビジネス論は、現代のスポーツビジネスがかかえる課題を検討するとともに、幅広《はばひろ》い領域に拡大しつつあるスポーツビジネスのあり方について、国内外の文献《ぶんけん》を精読して討議したり、フィールドワーク（現地調査）によってあきらかにしていく。

また、みんなもよくテレビで、野球やサッカー、格闘技《かくとうぎ》などのスポーツ中継《ちゅうけい》を観ることがあると思う。そんな、スポーツビジネスに欠かせないメディアについて学べるのが、スポーツメディア論だ。

将来、スポーツビジネスの世界で働くことを目標にしているある先輩《せんぱい》は、スポーツ取材論という授業で、実際にスポーツの現場の第一線で取材を行う記者からインタビュー方法について聞いたり、記者の知り合いのアスリートに取材を受けた時の印象について聞いたりしている。この授業を受けたことで、「選手にインタビューする時、インタビュアーが聞きたいことだけを質問していては、選手が言いたいことが言えないおそれがある。これはスポーツイベント運営側とファンの関係でも同じ。たとえば、運営側が自己満足でイベントを企画《きかく》しても、ファンはそれを求めてないと感じるかもしれない。相手の気持ちを汲《く》むことの大事さを学ぶことができて、将来のやりたい仕事に役立ちそう」と語っていたよ。

また、一般《いっぱん》消費者が実際に何を考えて、どのような段階を踏《ふ》んでスポーツイベントに参加したり商品を購入《こうにゅう》するのかを、実例をもとに学ぶスポーツ消費者行動論も、スポーツビジネスにおいて、特にファンマーケティングの仕事に直接的に活かせるだろう。

スポーツ健康学科の中にスポーツコーチングコースや、スポーツトレーナーコースを設置している大学もあるよ。

スポーツと健康にまつわる要素を総合的に学ぶ

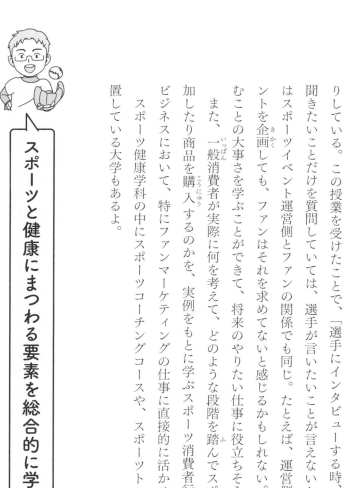

Q9

スポーツ科学科では何を学びますか？

より科学的な手法で学ぶ

スポーツ科学科は、その名の通り、科学的なアプローチで人間の体やその合理的な動き、力の発揮の仕方、スポーツパフォーマンスに及《およ》ぼす脳の働きなどを追究する学科だよ。だからほかの学科と比べて、物理学・数学・工学・生物学・医学などの理数系の知識が必要。理数系の科目に対して苦手意識をもっている人は、今のうちに克服《こくふく》しておこう。

この学科もコースを設定している大学が多い。そのなかのいくつかを紹介《しょうかい》しよう。

スポーツサイエンスコース

高度なトレーニングマシンや、筋力や持久力の測定評価ができるシステム、モーションキャプチャー、ハイスピードカメラなど、あらゆる動作を計測・解析《かいせき》できる専門機器を使って、生理学・生化学・生体化学・工学分野の最先端《さいせんたん》知見とその融合《ゆうごう》について学ぶ。

スポーツ科学概論《がいろん》・演習、トレーニング科学などの授業を通して、科学的なトレーニング法やテクニックの開発法を身につける。その専門的知識と実践力《じっせんりょく》を競技能力の向上に応用する。ある先輩《せんぱい》は、このコースで学んだ科学的トレーニング法を陸上部の練習に取り入れたことで、記録が伸《の》びたと語っていたよ。

健康運動科学コース

人びとの幸福や豊かな生活を実現する上で必要不可欠な健康について、理論と実践《じっせん》で科学的に学ぶよ。健康栄養学、スポーツ医学、スポーツ心理学などの授業で、健康の維持《いじ》・増進に関する運動・身体活動や栄養の効果、そのメカニズムを学んだ上で、個人や地域社会がかかえる健康問題や健康のために必要としていることを把握《はあく》する。それによって、人びとの生活の質の向上や病気、ケガの予防に貢献《こうけん》できるんだ。

この学科にスポーツトレーナー、スポーツコーチング、スポーツビジネス、スポーツ医科学などのコースがある大学も多い。

人間の体の動きを科学的アプローチで追究する

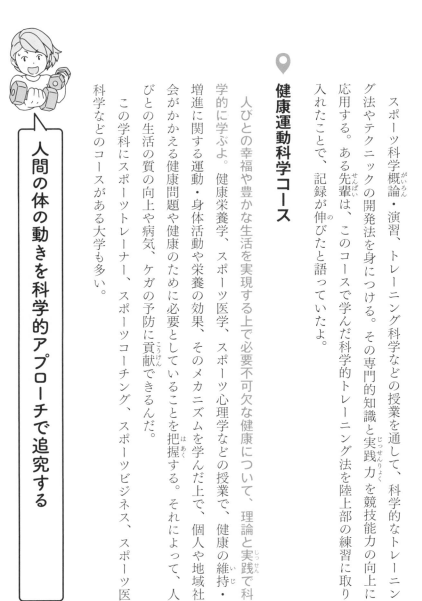

Q10

スポーツ医科学科では何を学びますか？

医学系の分野を学べる学科

スポーツ医学、スポーツ生理学、スポーツバイオメカニクス、スポーツ心理学などの医科学系の分野を重点的に学ぶのがスポーツ医科学科だ。たとえばスポーツ医学の授業では、内科系ではスポーツ心臓（持久力を必要とする運動を長期間続けることで通常より大きく肥大した心臓）が生じる理由や、喘息《ぜんそく》、貧血、生活習慣病などが、スポーツをすることによってどう改善されるかなどを学ぶ。外科系は主に整形外科が中心だ。たとえばスポーツで膝《ひざ》や脊椎《せきつい》に負ってしまったケガについて、原因や症状《しょうじょう》、治療《ちりょう》法などを具体的に学ぶ。

また、予防医学概論《がいろん》は栄養学や運動生理学の入り口となる授業で、どのようにすればケガや生活習慣病を防げるかという基本的なことを学ぶ。教員は現役の医師のケースもあり、最先端《さいせんたん》の医療《いりょう》系機器を使用するので、授業内容は医学部の授業に引けを取らないくらいハイレベルかつ実践的《じっせんてき》なので、最新のスポーツ医科学の知見が得られるよ。

健康運動指導士やアスレティックトレーナー、病院でリハビリテーションを行うための資格を取りたい人など、医療《いりょう》業界で働きたい人にもぴったりだ。日常生活にも役立つ。

救急救命士を養成する学科も

ある大学のスポーツ医科学科は、カリキュラムが救急救命士の養成に特化しており、そのための医学理論、救急医学について理論と実践《じっせん》の両面から学べる。

教員は、経験豊かな専門医師や元消防官など。医学部と同様に解剖《かいぼう》学、生理学など基礎《きそ》医学から内科、外科などの臨床《りんしょう》講義、想定実習や最新医療《いりょう》機器を利用した実習なども受講できるよ。また、海、雪山、河川での遭難《そうなん》救助実習、医学部付属病院、救命救急センターなどでの病院内実習、救急車同乗実習、海外実習など実践的《じっせんてき》な学外実習も多く、多彩《たさい》で充実《じゅうじつ》したカリキュラムが展開されている。もちろん、救急面だけということはなく、高《こう》齢《れい》者や幼児、身体障害者への対応の仕方、国内外の災害救助に関する正しい知識や技術も身につけることができるんだ。将来、救急救命士になりたい人にはうってつけの学科だよ。

スポーツだけではなく、救急医療《いりょう》や災害救助も学べる

Q11

武道学科では何を学びますか？

日本古来の伝統文化の担い手となる

日本で生まれ、百年以上の歴史をもつ剣道《けんどう》や柔道《じゅうどう》などの武道は、単なる勝ち負けや順位を競う競技ではなく、肉体的・精神的鍛錬《たんれん》を通じて人格をみがき、道徳心や倫理《りんり》観を高め、礼節を尊重する心を養うなど、人間形成を目的としている。そんな武道を通じて高いレベルで心・技・体の調和が取れた人材は、国内はもちろん、海外でも十分活躍《かつやく》できる。

武道学科はそのような人材の養成を目的としているので、学部内に設置している大学は多い。なかには4年間、武道を専門的に学ぶ武道大学もあったり、学科はなくてもコースや専攻《せんこう》として設置している大学も少なくない。

多くの武道学科では、剣道《けんどう》、柔道《じゅうどう》、空手などの代表的な武道別に、それぞれ科学的手法を用いた実践《じっせん》を通して、武道の精神と技術の習得にはげむ。

だいたいどの大学の武道学科でも教育・研究の柱は同じようなものだけど、文武両道を

旨《むね》としたある大学の武道学科では、以下の四つがある。

①伝統運動文化としての武道の継承《けいしょう》
②科学性をともなった武道の国際競技力向上
③生涯《しょうがい》学習・生涯《しょうがい》スポーツの発展に貢献《こうけん》する武道指導者の育成
④国際的武道指導者の育成と国際交流進展への寄与《きよ》

カリキュラムの特徴《とくちょう》

もちろん、武道学科だから武道系のことしか学ばないわけではない。体育原理、解剖《かいぼう》学、スポーツ心理学、スポーツ栄養学、トレーニング論などの体育専門教育科目など、ほかの学科で学ぶような科目も履修《りしゅう》する。専修教育科目では、柔道《じゅうどう》・剣道《けんどう》・空手道などの武道について、歴史、理論、実技とトータルに学ぶ。1年生から4年生まで実技の授業があるのも、武道学科の特徴《とくちょう》のひとつだね。自分自身が強くなるためだけじゃなくて、コーチ学や武道指導特論など、将来武道の指導者になるために必要なことも学ぶよ。

日本古来の文化を身につけ、世界で活躍《かつやく》できる人材をめざす

Q12

子どもスポーツ教育学科では何を学びますか？

子どもの健全な育成と問題を解決できる人材を

靴《くつ》ひもを結べなかったり、スキップができない子どもが増えているという話を聞いたことはないだろうか。最近は、子どもが思った通りに体を動かせない、リズムに合わせて体を動かすことができないという、体をイメージ通りにコントロールする能力が低下しているようなんだ。このような背景から、スポーツや運動を通して、子どもを安全かつ健全に教育できる人材のニーズが高まっている。その人材の養成を目的としているのが、子どもスポーツ教育学科だ。似た名称《めいしょう》の学科に児童スポーツ教育学科や子ども運動教育学科、幼児発達学専攻《せんこう》などがあり、学部として設置している体育大学もある。

子どもスポーツ教育学科には、大きく分けて幼稚園児《ようちえんじ》・保育園児などの幼児を対象としたコースと、小学生を対象としたコースの二つがある。

幼児を対象としたコースでは、幼児期の運動について、体力・運動能力の向上だけでな

く、意欲的な心やコミュニケーション能力の育成、運動制御《せいぎょ》機能の発達についても学ぶ。

特に、体づくり、運動遊び、健康な生活の指導に強い幼稚園教諭《ようちえんきょうゆ》や保育士をめざし、実習を多く取り入れたカリキュラムになっている。子どもを理解して、子どもの遊びや生活への適切な指導、援助《えんじょ》をするために必要な広い視野と実践力《じっせんりょく》を身につけられるよ。

児童を対象としたコースでは、高い専門性と具体的な教育実践力《じっせんりょく》を備えたすぐれた小学校教員をめざして、児童の身体の仕組み、心身の発育発達、健康教育、児童スポーツ指導、スポーツ生理、スポーツバイオメカニクス、さらに食育などを幅広《はばひろ》く学修する。

ある大学の子どもスポーツ教育学科では、子どもたちの知・徳・体のバランスの取れた生きる力を育成するために、武道教育を重視して、武道の授業を多く取り入れていたよ。

いつの時代も、子どもたちの人気を集めるのはスポーツの得意な教員だ。さらに高学年では体育の授業において、担任制をとる小学校も出始めているので、今後ますます体育が得意な先生の需要《じゅよう》が高くなるだろう。そのために必要な専門的な知識やスキルについて、理論、実践《じっせん》の両面から学べるのも、この学科の大きな魅力《みりょく》のひとつだ。

スポーツを通して子どもの教育にかかわりたい人にぴったり!

Q13

体育学部・スポーツ科学部と結びつきやすい学問ジャンルはなんですか？

ほぼすべてのジャンルと結びついている

これまでも何度か話したけど、体育学とスポーツ科学は、突《つ》き詰《つ》めれば人間が生きるということ、人間を育てることを科学的に探究する学問だ。なので、ほぼすべての学問ジャンルと結びついていると言っても言い過ぎではない。そのなかからいくつかを紹介《しょうかい》しよう。

教員の養成も大きな目的

特に体育学部は、学校体育の教員の養成を大きな目的のひとつとして掲《かか》げている大学が多いので、教育学はもっとも関係の深い学問だ。スポーツ科学部の中にも、保健体育の教員になるためのコースが設置されている大学が多い。そのコースでは、主に学校体育の指導者として、教育原理、教師論、教育課程論、体育科教育実践法《じっせんほう》などの授業を通して、理論・実践《じっせん》の両面から、子どもを教育するために必要な知識・実践力《じっせんりょく》を身につけられる。教職課程を取った学生は、模擬《もぎ》授業を行ったり、教育学部と同じように教育実習にも行くよ。

人体について学ぶ医学

言うまでもなく、体育や運動、スポーツは体を使って行う。効果的に体の動きをコントロールして高いパフォーマンスを発揮するためには、そのおおもととなる体のことを知る必要がある。また、コーチやトレーナーとしても担当する選手を正しく育成したり、体のケアを行うためにも体についての知識は必須《ひっす》となる。

だから医学もとても結びつきが強く、生物学的な「ヒト」の最小単位である細胞《さいぼう》や遺伝子から、臓器、骨、関節、筋肉など、人体を構成するすべての要素について学ぶんだ。特にスポーツ医学の授業では、医学部さながらの高度な医療《いりょう》機器や測定機器を使用して、最先端《さいせんたん》かつハイレベルな教育を受けられる大学もある。

また、スポーツにケガはつきものなので、ケガを予防するためのノウハウを予防医学で学ぶ。ある体育学部の先輩《せんぱい》は、外からは見えない体の中の骨や内臓、筋肉について学ぶ機能解剖《かいぼう》学が一番おもしろかったと話していたよ。ここまで医学関連のことを学べる学部は、医学部や看護学部以外ではそんなにはないんじゃないかな。だから人体について深く知りたいという人も、楽しく学べるだろう。

結果を出すために必要な心理学

運動部に入っている人はわかると思うけど、競技力を高め、試合や大会で優秀《ゆうしゅう》な成績を収めたり、対戦相手に勝つためには、身体的な能力に加えて、精神的な力もかなり重要な要素だ。せっかく高い身体能力や競技力をもっていても、極度に緊張《きんちょう》したり、不安になったり、冷静さを欠くと、高いパフォーマンスは発揮できない。重いプレッシャーを感じる大事な場面でも、冷静に集中して自分のもっている力を十二分に発揮するためには、メンタルをコントロールする技が必要不可欠だ。

同じ理由で、競技者だけではなく、コーチや監督《かんとく》としても選手のメンタル面での指導、サポートは欠かせない。**だから人の心を扱《あつか》う心理学も体育学・スポーツ科学と深い関係にあり、体育学部・スポーツ科学部では必ずと言っていいほどスポーツ心理学を学ぶ。**

体育学部を卒業してある高校の体育教師として活躍《かつやく》している先輩《せんぱい》も、「野球部の監督《かんとく》として、部員にベストなパフォーマンスを発揮させるためのノウハウをスポーツ心理学の授業で学べたのでとても役に立っている」と語っていたよ。

スポーツと切っても切り離《はな》せない健康学・健康科学

スポーツと健康は切っても切り離《はな》せないので、健康学・健康科学も結びつきが強い学問だ。実際に、体育学部の中に健康学科がある大学や、スポーツ健康学部・学科、スポーツ健康科学部・学科など、健康と名のつく学部・学科も多い。

ある大学では、心身の健康増進・維持《いじ》や体力向上、さらには安全の確保に必要な実践的《じっせんてき》技術も学ぶことで、教育・福祉《ふくし》分野で活躍《かつやく》できる人材の育成をめざしている。具体的には、職場で働く人の体力向上と健康増進を指導する衛生管理者、教育現場で児童・生徒の健康な生活をうながす養護教諭《きょうゆ》、福祉的《ふくしてき》な支援《しえん》を担う社会福祉士《ふくしし》などをめざせるよ。

数学・物理学もかかわりが深い

近年は、体育学部もスポーツ科学部も、最新鋭《さいしんえい》の機器を使用して運動を測定・分析《ぶんせき》・解《かい》析《せき》するなど、科学的な手法を用いた授業が多い。そのため、数学や物理学も関係が深い。

そのほか、経済学や経営学、社会学なども結びつきが強いよ。

特に教育学・医学・心理学・健康学・数学・物理学などと関係が深い

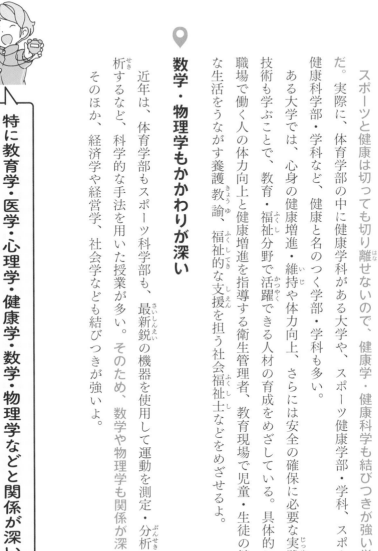

教員インタビュー 1

体育学は、生きるために必要な学問

日本体育大学《にっぽんたいいくだいがく》
体育学部健康学科　教授
野井真吾《のいしんご》さん

日本体育大学体育学部体育学科卒業後、中高一貫《いっかん》校の保健体育の教員として赴任《ふにん》。１年後、日本体育大学大学院体育学研究科修士課程に入学。博士課程修了《しゅうりょう》後、東《とう》京理科《きょうりか》大学理工学部講師、埼玉《さいたま》大学教育学部准《じゅん》教授を経て、日本体育大学体育学部健康学科教授に。2022年同大学体育学部の学部長に就任。

人間について学ぶ学問

体育学部というと「学校の保健体育の先生になるための学部」と思っている人も多いのではないでしょうか。確かにそういう学生も多いですが、日本体育大学（日体大）の体育学部では全体の3割程度。残り7割の卒業生は自治体や一般《いっぱん》企業《きぎょう》に就職し、スポーツとは無関係の仕事をしている人も多いのです。

人間も〝動く物〟なので動物です。体育学では、その体を動かす人間について学ぶので、学ぶ分野も多岐《たき》にわたっており、人文科学・自然科学・社会科学など、あらゆる学問領域にまたがっています。特に本学では「身体に纏《まつ》わる文化と科学の総合大学」を標榜《ひょうぼう》しており、広く体育学やスポーツ学の教養、つまり身体教養を高める教育を行っています。

そのなかで私が専門としているのは、子どもの体の研究です。体力、体温、ホルモン、自律神経など多岐《たき》にわたります。また、心の一部は脳にあるので、心も体の中に含《ふく》めて研究しています。

具体的には、日常生活で子どもが困っていることを調査してその原因と対策を考えます。最近は、子どもの睡眠《すいみん》の問題なども研究しています。また、子どもたちの骨密度や前頭葉の測定をしてほしいなど、学校や園、学童からの依頼《いらい》も多いですね。

我々《われわれ》が研究室の中でやりたい研究だけをやっていたら、現実に起きている問題とかけ離《はな》れる可能性がありますよね。現場のニーズに応えることが、今社会から求められている重要な研究をやることにつながるので、リクエストに応えているのです。

このような子どもの心身の健康を専門としたきっかけは、大学卒業後、最初に勤めた職場にあります。中高一貫《いっかん》の進学校に保健体育の教員として赴任《ふにん》したのですが、生徒たちに対して「やる気はあって元気を出したいんだけど、出せていない」という印象をもちました。ところが、体力・運動能力テストの結果は必ずしも悪くなかったのです。

この原因がわからないとうまく子どもたちと向き合えないと考え、退職して、日体大に戻《もど》って大学院に入り、子どもの心身の問題を研究し始めたのです。以来、社会の礎《いしずえ》である子どもを元気にすることをめざして研究を続けています。

現在、大学教員としては学部と大学院の両方で教えています。学部では、養護教諭《きょうゆ》(保健室の先生)と保健体育の教員をめざす学生は必修になる学校保健のほか、ヘルスプロモーション論などを担当しています。

大学での学び方

日体大の体育学部には、体育学科と健康学科の二つの学科があります。

体育学科では大きく「スポーツ教育」や「競技スポーツ」に関して学び、スポーツ実技や保健体育の教員に関する学びのほか、スポーツ生理学や心理学、トレーニング、コンディション管理に関する知識と技能の習得をめざします。健康学科では、「ヘルスプロモーション」や「ソーシャルサポート」に関して学び、健康・スポーツ医科学や保健体育教諭《きょうゆ》に関する学びのほか、養護教諭《きょうゆ》や社会福祉《ふくし》に関する知識と技能の習得をめざします。

どちらの学科も1年生はそれぞれ基礎的《きそてき》なことを学び、2年生から体育学科ではスポーツ教育領域か競技スポーツ領域、健康学科ではヘルスプロモーション領域かソーシャルサポート領域と、より深く学びたい領域を選択《せんたく》して専門的に学んでいきます。

3年生になるとゼミが始まります。私のゼミでは学部生と院生が合同で学びます。院生が研究したいテーマをプレゼンテーションして、学部生はそのなかから興味のあるテーマを選び、グループをつくって研究するのです。ちなみに今年はキャンプ、遊び、身体活動の三つの研究グループができました。

たとえば、キャンプなら30泊《ぱく》31日の子どもキャンプに参加して、調査・研究する学生もいます。こんなフィールドワークができるのも本学の体育学部ならではでしょう。

ゼミは通常の講義と違《ちが》って、誰《だれ》かに何かを

教えてもらう受動的な学びではなく、自分が研究したいことを主体的・能動的に研究するもの。ここがゼミの学びの一番おもしろい点であり、高校までの学び方と決定的に違《ちが》う点ですね。

このようなゼミの学びを通して、自分で問いを立てて考える力が身につきます。社会に出るとこの能力が必要とされるのですが、実は社会人でもなかなかこれができない人が多い。それに、立てた問いに対して最終的に答えが出なくてもいいのです。社会に出たらすべての問いに対してきれいな答えなんか出せるわけはないのですから。

だけど答えが出なかったら、なぜかを考え続ける。この姿勢こそが重要なのです。そうすれば今まで見えなかったものが見えてくるはずです。

体育学部で学ぶことのメリット

世の中にはいろいろな仕事がありますが、どんな仕事にも必要とされるものが体と心。この二つが元気ではないと、仕事もできません。それだけではなく、ただ生きるためにも体と心は必要不可欠です。

体と心を扱《あつか》う体育学は、生きる上で役立つ学問。その基礎的《きそてき》な知識を知っておけば生きる上でも働く上でも応用はいくらでも利くし、自分がやりたいことが見つかった時に使えます。だから将来やりたいことや学びたいことが何も決まっていない方でも、体育学部に来てほしい。体育が得意じゃなくてもだいじょうぶ。実際にそういう学生もいます。それよりも、生きることそのものに役立つ学問に興味があるなら、ぜひ門を叩《たた》いてください。

スポーツ健康学を学べば、幸福な人生を送れる

教員
インタビュー
2

法政大学《ほうせいだいがく》

スポーツ健康学部スポーツ健康学科　教授

瀬戸宏明《せとひろあき》さん

順天堂《じゅんてんどう》大学医学部卒業後、同大学病院整形外科に就職。その後いくつかの系列病院で勤務したのち、法政大学SSIの非常勤講師、同大学スポーツ健康学部准《じゅん》教授を経て、2022年教授に就任。現在は教員に加え、病院の医師、プロスポーツチームのメディカルドクターなど、多方面で活躍《かつやく》中。

スポーツと健康について多角的に学ぶ

これまで一般的《いっぱんてき》な大学の体育学部は、体育学と保健学が合わさった保健体育を教育の中心に据《す》え、教員やアスリートを養成する学部でした。しかし現在は、サッカーのJリーグに代表されるプロスポーツクラブが地域に根を張るなど、スポーツと地域社会、各種団体、消費者との新しい関係性が生まれています。

このような状況《じょうきょう》になったことで、これまでの保健体育だけでは解決できないさまざまな新しい問題が起こるようになりました。それに対処するために、スポーツと健康に関してさまざまな角度から総合的に考えるのが、スポーツ健康学という学問なのです。

これはそのままスポーツ健康学の魅力《みりょく》でもあります。スポーツはアスリートだけのも

教員インタビュー

のではありません。一般人《いっぱんじん》もスポーツを通して生涯《しょうがい》にわたって健康を維持《いじ》できます。

人の幸せにとって重要なのは、単なる寿命《じゅみょう》ではなく、思い通りに支障なく体を動かせる期間、つまり健康寿命《じゅみょう》です。健康は人間の幸福の大部分を占《し》めています。健康でなければ何もできないし、寝《ね》たきりの期間が長ければなかなか幸福を感じることは難しいでしょう。

その健康のために重要なのがスポーツです。そしてスポーツと健康の関係性を多角的に研究するスポーツ健康学を学ぶことで、健康を維持《いじ》・増進し、健康寿命《じゅみょう》を伸《の》ばすことができ、より長く人生を楽しめ、結果として幸福になれる可能性が増すのです。

三つのコースで専門的に履修《りしゅう》

法政大学のスポーツ健康学部では、2年生から興味のある分野をより専門的に学べる三つのコースを設けています。

ひとつ目がヘルスデザインコース。スポーツと身体活動を通じた健康づくりをメインテーマに、主に機能解剖学《かいぼう》、運動学、運動生理学などの体の構造や機能に関する医科学的な領域について学びます。

二つ目がスポーツビジネスコース。スポーツが地域社会の活性化や住民の生活の質的向上にどのように貢献《こうけん》できるかを柱に、スポーツ振興《しんこう》のための政策や事業としてのスポーツ運営・経営の方法を学びます。

三つ目がスポーツコーチングコース。スポーツを継続的《けいぞくてき》に実践《じっせん》する指導方法の習得のために、競技力を向上させる科学的なトレーニング方法や子どもが運動不足に陥《おちい》らないための方策、運動習慣を身につけさせるための指導法を学びます。

　私は教員としては整形外科学、スポーツ医学を専門としており、主にヘルスデザインコースで、スポーツ医学や運動生理学、予防医学概論《がいろん》などの授業を担当しています。

　専門研究分野は傷害、つまりケガの予防です。スポーツを長く続けるためにはケガをしないことが大事なので、そのケガの予防に重点をおいて研究しています。このような研究を通して、私が診《み》た学生がケガを治して選手としてどんどんステップアップしていくのを見るのが、最大のやりがいです。

ゼミでの実践的《じっせんてき》な学び

　本学部では2年生からゼミが始まります。私のゼミのテーマは「ケガの予防と再生のための対策に関する研究」です。2年生と3年生が、膝《ひざ》や足首など部位ごとにペアをつくり、担当部位について調べて発表します。

　たとえば膝《ひざ》ペアなら3年生の指導のもと、2年生が膝《ひざ》について解剖《かいぼう》学的見地から構造や機能など少し深掘《ふかぼ》りして調べ、40～50分かけて発表します。終わると、私やほかのゼミ生が疑問点を質問します。発表者はそれにきちんと答えられるように理解しておく必要があります。ゼミ生にはなぜそうなるのか、わかりやすく論理的に説明できるようにしておきなさいと指導しています。

　また、実際に超音波《ちょうおんぱ》機器や筋電図を使って、学生に筋肉がどう動くのかを確認させたり、骨密度を調べて骨粗鬆症《こつそしょうしょう》について考えさせたり。モーションキャプチャーを使って取れたデータから、何がわかるかなどを判断させたりもします。今まで学んだ理論は本当に正しいのか、みんなで実証・確認するわけです。

スポーツ健康学は生きている人間の体を扱《あつか》う学問なので、机上の空論ではダメ。特に医学関係は生死にかかわるので、とことんまで疑ってかかる必要があり、理論と実証の両方をきちんと学ばなければならないのです。また、模擬症例《もぎしょうれい》を出して、自分だったらどう処置するかを考えさせたりもしています。

仕事や日常生活にも役立つ

スポーツ健康学部には明確な目標をもった学生が入ってきます。たとえばヘルスデザインコースは、将来プロスポーツチームのアスレティックトレーナーになりたい学生。一方でビジネスコースは、プロ野球球団の職員をめざす学生が選択《せんたく》。学生にとっては、座学や実習を通して夢《ゆめ》を叶《かな》えるために必要なことが学べるので、目標の職業に就くと即戦力《そくせんりょく》として活躍《かつやく》できます。

もちろん、大学で学んだことが直接的に実践《じっせん》で使えなくても、授業を通して身につけた多角的に物事をとらえる力や論理的思考力、エビデンスを追究する力は、あらゆるビジネスシーンで役に立ちます。

とはいえ、将来就きたい仕事が明確に決まっていない学生も少なからずいます。だから、単にスポーツが好きとかスポーツにかかわりたいという気持ちだけでもだいじょうぶ。学部では幅広《はばひろ》い分野の講義を用意しているので、そのなかから興味のあるものを選べばいいのです。それを勉強しているうちに、おのずと自分の道が見えてくるでしょう。

スポーツと人間に興味のある人は、ぜひ本学のスポーツ健康学部に来てください。

3章

体育学部・スポーツ科学部のキャンパスライフを教えてください

Q14

体育学部・スポーツ科学部ならではの授業はありますか？

野外での実習が多い

体育・スポーツと名のつく学部だけに、体育の実技の授業が多いのが大きな特徴《とくちょう》だ。そして、この学部ならではの授業といえば、なんと言っても海や川、山などの野外で行う実習だ。これらの実習を通して、自身の体力・精神力鍊成《れんせい》、救助方法のほか、学校の教員に必要な、自然の中で行う児童・生徒の教育のための高度な実践力《じっせんりょく》や専門知識を身につける。

ほとんどの体育学部では必修科目となっており、以下のような実習からひとつを選んで受講する。日程は2泊《はく》3日から3泊《ぱく》4日が多い。

・海浜実習

海で約4キロメートルの大遠泳などで心身を鍛《きた》えたり、教員から救命救急やライフガードの技術を学ぶ。また、自然環境《かんきょう》の大切さを学び、集団生活に必要な協調性などを養う。

さらに海での実習だけではなく、引率教員による講義などもある。

・キャンプ実習

登山や少人数のグループごとに、与《あた》えられた課題を制限時間内にクリアするグループワークを行う。また、教員になった時、生徒を問題なく安全に引率できるように、飯盒炊《はんごうすい》さんなどの手順を実践《じっせん》で覚える。

・スキー・スケート実習

雪山でスキーをしたり、アイスリンクでアイスホッケー、スケートなどを行う。東北や北陸などの雪の多い寒冷地では、冬季に体育の授業でウインタースポーツを行うので、教員として赴任《ふにん》した時に生徒に教えられるようになるため。

・救助実習

特に、将来の救急救命士の養成を目的としているあるスポーツ医科学科は、プールで水難救助の基本方法を学んだ後、実際に川、海で実践的《じっせんてき》な水難救助方法について身をもって学ぶ。また、雪山での危険か否かの状況《じょうきょう》判断の仕方や、遭難《そうなん》者の救助方法も学ぶ。

さらに、消防署に行って、実際にプロの救急隊員といっしょに救急車に同乗して現場に急行、救助活動を間近で見学するという実践的《じっせんてき》な実習もある。

これらの実習を経験し、救急隊員として働いている先輩《せんぱい》は、「体力錬成《れんせい》から始まっていろいろな場所で厳しい訓練を行うことによって、さまざまな事故現場に対応した高い救助技術を習得することができた。また、救助される側の傷病者の気持ちを想像するくせがついたし、傷病者のつらさについて身をもって実感・理解もできた。集団での数日の宿泊《しゅくはく》実習なので、集団行動も身についてよかった」と語っていたよ。

教員になるための実習もたくさん

将来、教員になるために必要なことを学ぶ学科やコースでは、保健や体育の授業のやり方を自分たちで考えてほかの学生の前で行う模擬《もぎ》授業や、関節の捻挫《ねんざ》を治すためにおたがいテーピングし合うテーピング実習、心肺蘇生《そせい》法などを学ぶ授業もある。

養護教諭《きょうゆ》をめざす学生は、病院に行って看護師や医師の実際の仕事内容を観察する、看護臨床《りんしょう》実習という授業もある。この実習を経験した学生は、「病院での医師や看護師の動きや、看護師の患者《かんじゃ》に対するメンタルケアを間近で見られたのが勉強になった」と話してくれたよ。

教職課程を取ると、4年次に実際の学校現場で授業を行う教育実習もあるよ。この実習で生徒との交流を経験したことによって、教員になると決意したという先輩《せんぱい》も多い。

また、スポーツバイオメカニクスや測定評価学、パフォーマンス分析《ぶんせき》演習などの授業では、最先端《さいせんたん》の各種測定機器が設置されている測定室で実際に機器を操作しながら心拍《しんぱく》数や関節、筋肉の動きなどを測定・分析《ぶんせき》・評価する。アスレティックトレーナー実習では、学内のジム、アスレティックルームで実際にトレーニング器具を使いながらトレーニングのノウハウを学べる。

これらの実習によって、アスリートやその指導者になるために必要な専門知識・技能を習得できるんだ。

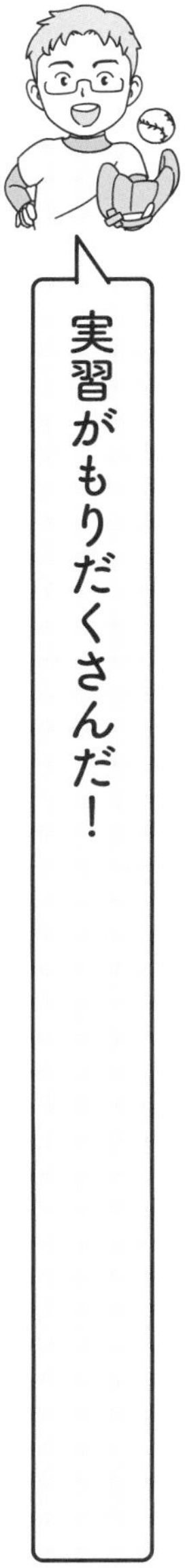

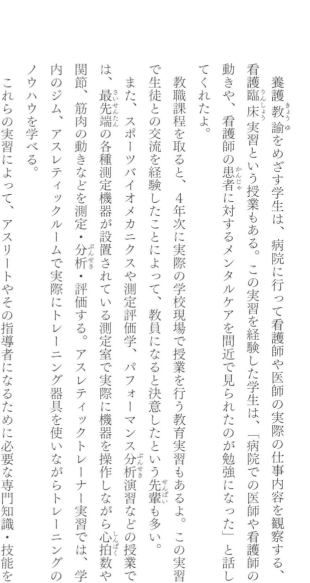

Q15 どんなゼミがありますか？

少人数・双方向《そうほうこう》で専門的に学ぶ「ゼミナール」

大学の授業ならではといえるのがゼミ（ゼミナール／演習）だ。ゼミとは、数名から20名くらいの少人数の演習形式で進められる授業。自分でテーマを決めて調査、分析《ぶんせき》、研究、発表、ほかのゼミ生や教員との議論などを通して学びを深めていく。これにより主体性や自分で問いを立て、考える力が養われる。これらの能力は社会に出て働くようになると、あらゆる職場でかなり必要とされる。

これまで何度も話してきたように、体育学部とスポーツ科学部は体育学、健康学を基本として医学からビジネスまでとにかく扱《あつか》う学問分野が広いので、テーマも学び方も担当教員によって大きく違《ちが》う。**フィールドワークがメインのゼミもあれば、ほとんど外に出ずゼミ室の中で研究に没頭《ぼっとう》するゼミもある。**たとえば、現役の整形外科医も兼《か》ねている教員が担当する機能解剖《かいぼう》学がメインのゼミでは、ゼミ生が超音波《ちょうおんぱ》機器などを駆使《くし》して、実際

の筋肉や神経の動きのメカニズムを実践的《じっせんてき》に学ぶ。それらの計画、測定、分析《ぶんせき》、データから推測できることなどのすべてを学生が考えて行う。また、教員が出した模擬症例《もぎしょうれい》をもとに、自分だったらどう判断し、処置するかを考える。同じケガでも、年齢《ねんれい》によっても、人によっても、季節によっても違《ちが》う。ゼミ生がかかわるのは人間なので、数学のように絶対的な答えがあるわけではないからこそ、自分で考える力が育まれるんだ。

生きた学びができるさまざまなフィールドワーク

フィールドワークが主体のゼミもたくさんある。あるゼミでは、不登校などの子どもを対象とした30泊《ぱく》31日のキャンプに参加して、子どもたちの変化を観察・記録し、唾液《だえき》など から脳内物質を採取、その量の変化から原因を突《つ》き止めたり、身体活動の重要性を再確認。最終的にはその結果をレポートにまとめ、研究者や役人が集まる会議で発表する。

また、教育系のゼミでは学生が小学校に赴《おもむ》き、クラスメートとうまくかかわれない子たちが多いクラスに支援《しえん》員として入って指導を実施《じっし》。ゼミの中で役割分担をして、現場で経験したことを共有し、よりよいやり方を協議・検討、その結果をまた小学校で試す。経験した先輩《せんぱい》は、「すごく充実《じゅうじつ》していて、本気で教員になりたいと思った」と語ったよ。

養護教諭《きょうゆ》をめざすゼミでは、学生が小学校に行って、現役の養護教諭《きょうゆ》から現在の子どもたちの状況《じょうきょう》やかかえる問題などを直接ヒアリング。先輩《せんぱい》は「昔《むかし》と今とでは子どもたちの病気や成長具合も変わっているので、知ることができてとても有意義だった」と話していた。

あるスポーツマーケティングのゼミでは、プロ野球やサッカー、ラグビーの試合が開催《かいさい》される球場や競技場に行って、アンケートを取るといったマーケティングリサーチを実施《じっし》。また、スポーツが地域住民に与《あた》える影響《えいきょう》について研究するため、相撲《すもう》文化が根づいている地方に行って、相撲《すもう》大会を見たり、町長にインタビューしたりするフィールドワークを実施《じっし》。このゼミの学生は、「高校生の頃《ころ》は、ファンとしてスポーツの試合を楽しんだり、スポーツ関連書籍《しょせき》を読んで運営を想像するのが限界だったけど、実際にマーケティングリサーチのフィールドワークを経験することで、生きたデータを得られ、興味のある学びの領域に一歩深く踏《ふ》み込《こ》めたことがうれしかった」と語っていたよ。

スポーツ工学のゼミでは、学生が遠方の県まで出かけ、小学生を対象とした将来のアスリート候補発掘《はっくつ》プロジェクトに参加。加速度センサーを駆使《くし》して子どもの運動センスを測るというフィールドワークを実施《じっし》した。参加した先輩《せんぱい》は、「うちのゼミが遠い県から依頼《いらい》されて、現地で活動したらありがとうと感謝された。日々取り組んでいることが、実際のスポーツ現場で役立つと実感できたことが一番の思い出」とふり返っていたよ。

この学部のゼミの学びの特徴《とくちょう》は、将来の職業に直結していることだ。特にフィールド

ワークを通して、興味のある分野を頭だけでなく体をもって理解でき、実際に社会で働く社会人たちの生の声を聞くことによって、より将来の職業のイメージが固まる。教室の中だけでは決してできない、血の通った学びが体験できるんだ。

ゼミでの実践《じっせん》的《てき》な生きた学びは、将来就きたい職業に直結する

ただ、難関の国家資格や教員免許《めんきょ》の取得を主な教育の柱としている体育学部では、ゼミに入っても今説明したような学びではなく、ひたすら試験に合格するための勉強を行うというゼミも少なくないし、ゼミ自体がない学科もある。

また、2年生から専門コースを選び勉強する学部では、この時点で将来やりたい仕事を明確に決めている学生が多いので、その職業に就くために必要な知識やスキルを学べるゼミを選ぶ学生が多いよ。

だからゼミを選ぶ時は、興味のある科目だけではなくて、将来の目標、学び方や雰囲気《ふんいき》、担当教員の専門性なども考慮《こうりょ》に入れたほうがいい。多くの大学では、2年生の秋に希望するゼミに入室するための試験があるので、それまでに教員やサークルの先輩《せんぱい》に聞いたり、たくさんのゼミが掲載《けいさい》されている冊子を読んだりして十分に検討しよう。

Q16

体育学部・スポーツ科学部ならではの授業外活動はありますか？

将来の仕事に直結する部活動・サークル

大学生になると必修科目以外は自分で科目を選択《せんたく》でき、自由にスケジュールを組めるので自由な時間も増える。この点も、すべて時間割が決められていて、毎日朝から夕方までびっしり授業がある中学・高校とは大きく違《ちが》う点だ。

その空き時間で何をするかも自分で決められる。定番は、部活動やサークル、アルバイト、ボランティアなどだろうか。体育学部・スポーツ科学部ならではの授業外活動もたくさんあるので、先輩《せんぱい》たちに聞いたものをいくつか紹介《しょうかい》しよう。

その代表格といえばやはり部活動やサークルだろう。特に体育大学になると、7～8割の学生がなんらかの運動部やスポーツ系サークルに所属しているという。この点も他学部とは大きく違《ちが》う特徴《とくちょう》だよ。運動部に入ると、厳しい練習で心身ともに鍛《きた》えられることで体力がつき、少々のことではへこたれない精神力も養われる。また、部内では上下関係が

料金受取人払郵便

本郷局承認

6276

差出有効期間
2025年9月30日
まで

郵便はがき

113-8790

（受取人）
東京都文京区本郷1・28・36

株式会社 ぺりかん社

一般書編集部行

購入申込書	※当社刊行物のご注文にご利用ください。
書名	定価[　　円+税] 部数[　　部]
書名	定価[　　円+税] 部数[　　部]
書名	定価[　　円+税] 部数[　　部]

●購入方法をお選び下さい（□にチェック）	□直接購入（代金引き換えとなります。送料+代引手数料で900円+税が別途かかります） □書店経由（本状を書店にお渡し下さるか、下欄に書店ご指定の上、ご投函下さい）	番線印（書店使用欄）
書店名		
書店所在地		

書店様へ：本状でお申込みがございましたら、番線印を押印の上ご投函下さい。

※ご購読ありがとうございました。今後の企画・編集の参考にさせていただきますので、ご意見・ご感想をお聞かせください。

アンケートはwebページでも受け付けています。

URL http://www.perikansha.co.jp/qa.html

書名	No.

●この本を何でお知りになりましたか?

□書店で見て　□図書館で見て　□先生に勧められて

□DMで　□インターネットで

□その他 [　　　　　　　　　　]

●この本へのご感想をお聞かせください

・内容のわかりやすさは?　□難しい　□ちょうどよい　□やさしい

・文章・漢字の量は?　□多い　□普通　□少ない

・文字の大きさは?　□大きい　□ちょうどよい　□小さい

・カバーデザインやページレイアウトは?　□好き　□普通　□嫌い

・この本でよかった項目 [　　　　　　　　　　]

・この本で悪かった項目 [　　　　　　　　　　]

●興味のある分野を教えてください（あてはまる項目に○。複数回答可）。
また、シリーズに入れてほしい職業は?

医療　福祉　教育　子ども　動植物　機械・電気・化学　乗り物　宇宙　建築　環境

食　旅行　Web・ゲーム・アニメ　美容　スポーツ　ファッション・アート　マスコミ

音楽　ビジネス・経営　語学　公務員　政治・法律　その他

シリーズに入れてほしい職業 [　　　　　　　　　　]

●進路を考えるときに知りたいことはどんなことですか?

[　　　　　　　　　　]

●今後、どのようなテーマ・内容の本が読みたいですか?

[　　　　　　　　　　]

お名前	ふりがな [　　歳] [男・女]	ご職業・学校名	
ご住所	〒[　　　－　　　]　TEL.[　　　－　　　－　　　]		
お買上書店名	市・区 町・村　　　　書店		

ご協力ありがとうございました。詳しくお書きいただいた方には抽選で粗品を進呈いたします。

しっかりしているので礼儀《れいぎ》や礼節が身につく上、同じ目標に向かって部員みんなでがんばることで、チームワークや連帯感、団結力、問題解決能力、集団行動の作法なども養われる。これらは社会に出て働くようになると必須《ひっす》となる能力なので、体育学部・スポーツ科学部の卒業生は企業《きぎょう》から引っ張りだこなんだ。

部活で培《つちか》ったことを就職先で活かせている先輩《せんぱい》もいる。たとえば、アメリカンフットボール部に入って試合を分析《ぶんせき》するアナライジングを担当した先輩《せんぱい》は、対戦チームのプレーを分析《ぶんせき》して、戦略を練って試合を組み立てていた。この経験が、プロ野球球団に就職後、設定した目標を実現するために、あらゆる方面で戦略・戦術を考えて実行する仕事に役立っているという。

また、大学の部活やサークルには入らず、勉強したスポーツ科学の知識とスキルを活かして、社会人のサッカーチームのトレーナーとして活躍《かつやく》していた先輩《せんぱい》もいる。具体的な活動は練習や試合でケガをした選手の処置や、ケガの予防、競技力向上のためのトレーニング指導など。しかも、この活動に参加するとアスレティックトレーナーの資格取得に必要な単位が取れるというのだから、一石二鳥だね。この先輩《せんぱい》はそれ以外に地域のハンドボールのクラブチームに選手として所属し、練習や試合に出場していたよ。大学生になると、大学外でもスポーツを楽しめるんだね。

あと、スポーツをプレーするだけじゃなくて、研究が主体のサークルもいろいろあるよ。たとえば、スポーツマネジメントに関する調査研究を行うスポーツマネジメントサークルや、ストレッチングやテーピング、応急処置などトレーナーとして活動していく上で必須《ひっす》の知識を学ぶトレーナー研究会、選手が試合で最高のパフォーマンスを発揮するために心理面から支えるすべを研究する心理サポート研究会などがある。

単位がもらえるアルバイトも

アルバイトも他学部では体験できない、体育学部・スポーツ科学部ならではのものが多い。たとえばスポーツジムでのトレーナーのアルバイト。ある大学の体育学科のトレーナーコースを選択《せんたく》した学生は、スポーツジムで実習することでアルバイト代をもらえる上に、トレーナー資格の試験を受験するために必要な単位まで得ることができた。

地域で開催《かいさい》されるスポーツイベントの会場設営や受付、雑用、運営サポートなども定番のアルバイトだ。報酬《ほうしゅう》をもらわないボランティアの場合も多いよ。また、小中学校の部活や授業の指導補助、地域の小中学生のクラブチームのコーチやトレーナーのアルバイトをする学生も多い。教員をめざして教職課程を取る学生のなかには、小中学校で支援《しえん》員として特別支援《しえん》学級の子どもの生活面・学習面でのサポートをする人もいる。スポーツ医科学科の学生は、看護助手や医療《いりょう》事務など、医療《いりょう》の現場でアルバイトをする人も多い。

スポーツ系のボランティア

地域の小さな大会からオリンピックなどの国際的な大規模大会まで、さまざまなスポーツイベントで、救護ボランティアとして活躍《かつやく》している学生も多い。ある大学のスポーツ医科学科の学生は、約4万人が参加するマラソン大会で、AED（自動体外式除細動器）を背負って自転車でパトロールする「モバイルAED隊」のボランティアを経験する人が多いよ。大規模なマラソン大会では走っている最中に急性心不全などで倒《たお》れるケースが多いけど、このモバイルAED隊の心肺蘇生《そせい》術などの活躍《かつやく》のおかげで過去10年間、死亡者は一人も出ていないという。とてもやりがいの大きいボランティアだね。

部活動やアルバイト、ボランティアも学部・学科で学んだことを直接活かせるものが多いことも、この学部ならではの特徴《とくちょう》といえる。また、このような経験も卒業後の職業選《せん》択《たく》や、スポーツとの今後のかかわり方を決める際の重要な判断材料になるよ。

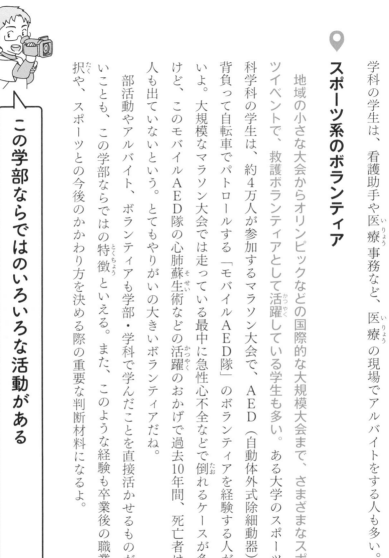

Q17 この学部ではどんな人や世界にふれることができますか？

出会える人は学科やコースによって全然違《ちが》う

体育学部やスポーツ科学部の卒業生はスポーツ系だけではなく、あらゆる業界で活躍《かつやく》しているので、さまざまな社会人と出会えるよ。学科や専攻《せんこう》コースによって就職先が違《ちが》うので、出会える人もまったく違《ちが》う。

たとえば、学校の教員をめざす学科やコースでは、教育実習やアルバイトなどで、小中高校で勤務する教員や養護教諭《きょうゆ》、子どもたちと交流できる。トレーナーコースを選択《せんたく》した学生は第一線で活躍《かつやく》するプロのトレーナーから直接ノウハウを学べる。スポーツビジネスコースでは、スポーツメディア論の授業で現役のジャーナリストから仕事の話を聞ける。
また、ある大学のキャリアアップ講座では、オリンピックや世界選手権の出場者・メダリストなどの世界トップクラスのプロアスリートや有名トレーナー、コーチ、経営者を講師として招くので、直接経験談などが聞ける。元プロアスリートの教員も多いので、おも

しろい話が聞けると話していた先輩《せんぱい》もいたよ。そもそも、卒業生や教員だけではなく、同級生や先輩後輩《せんぱいこうはい》に現役の世界的アスリートがゴロゴロいる大学では、日常のキャンパスライフで有名トップアスリートに出会える。これもこの学部ならではの特徴《とくちょう》だ。

ゼミによって会える人が違《ちが》う

Q15でゼミについて紹介《しょうかい》したけれど、ゼミによっても出会える人がまったく違《ちが》う。たとえば、スポーツ科学部では、担当教員が現役の医師や脳科学の権威《けんい》のゼミもある。スポーツ科学部のスポーツバイオメカニクスのゼミや運動部では、スポーツメーカーの新製品の開発に協力する際、スポーツメーカーの開発者や技術者、研究者などと交流できる。

スポーツビジネスコースでは、フィールドワークを通してプロスポーツ団体を運営する企業《きぎょう》の職員や観客などとも出会えるゼミもあるよ。

また、ゼミの発表会でその分野のさまざまな研究者や官公庁の職員ともつながりができて、卒業後も交流が続いているという体育学科卒の先輩《せんぱい》もいるよ。

トップアスリート、コーチ、トレーナー、経営者などと出会える

Q18 体育学部・スポーツ科学部の学生の一日を教えてください

時間割は自由に組める

Q16の冒頭《ぼうとう》でも少しふれたけど、大学に入ると、基本的に履修《りしゅう》する科目を自由に選んで自分だけの時間割をつくることができるよ。大学の科目には大きく分けて「必修科目」「選択《せんたく》必修科目」「自由科目」の3種類があり、学科やコースによって年次ごとに履修《りしゅう》しなければならない科目が決まっている。

必修科目は全員が必ずその授業に出席して、試験を受け、合格して単位を取らなければならない。選択《せんたく》必修科目は、決められた科目群のなかから数科目を選択《せんたく》して履修《りしゅう》し、所定の単位数を取らなければならない。自由科目は、自分の興味や関心で選べるよ。

卒業するためには、大学や学部ごとに定められた単位数を取得しなければならない。1年生から4年生まで学年ごとに履修《りしゅう》しなければならない単位数が決められていて、取得できなければ卒業できず留年せざるをえない。そうなるとせっかく就職活動をがんばって

第一志望の企業《きぎょう》や団体から内定をもらっていたのに就職できない、という悲惨《ひさん》な事態となってしまうので、十分に気をつけよう。

だから大学生活を送る上で、履修《りしゅう》の組み方はとても重要だ。サークルや部活にも打ち込《こ》みたいという学生が多い体育学部やスポーツ科学部の学生は、部活やサークルの練習開始時刻に間に合うように履修《りしゅう》スケジュールを組む人も多いよ。

とはいえ、入学したばかりでは、なんの科目を選べばいいのか迷うよね。でも心配ご無用。ほとんどの大学では履修《りしゅう》科目をくわしく説明してくれるガイダンスを開催《かいさい》したり、授業内容、担当教員、開講日時、成績評価法などが掲載《けいさい》されて

1年生の授業びっしりな一日

大学の授業時間は90分前後が一般的。長いようだけど、すぐに慣れるからだいじょうぶ。

1年生の時は必修科目に加え、専門科目も多い。部活やサークル、アルバイトで忙しい。

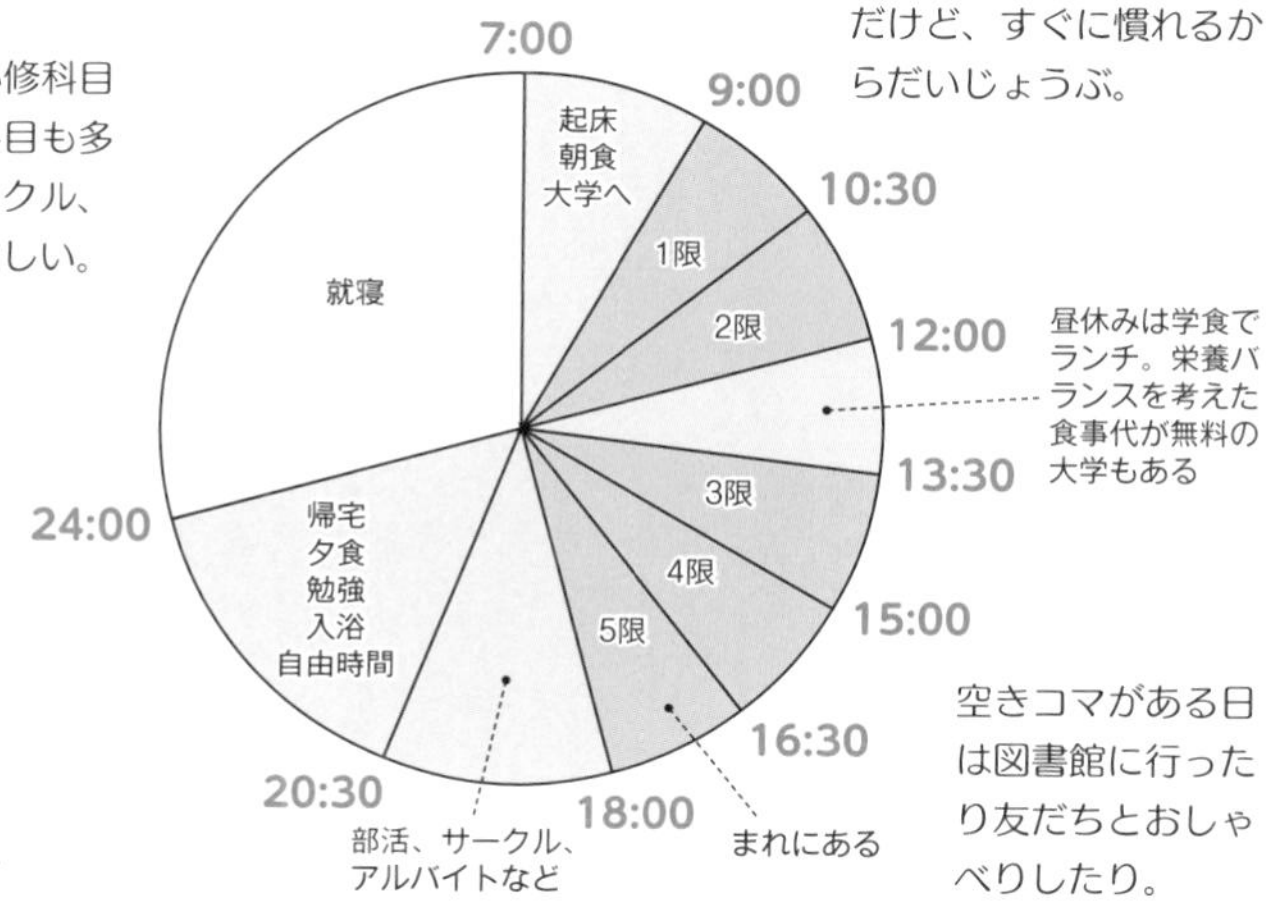

空きコマがある日は図書館に行ったり友だちとおしゃべりしたり。

いる「シラバス」を用意してくれているから参考にしよう。部活やサークルの先《せん》輩《ぱい》に助言をもらうのもお勧《すす》めだ。最近ではインターネット上で履修《りしゅう》を組んで提出する大学も増えている。

一般的《いっぱんてき》な文系の学部は1年生のうちは必修科目に加えて、一般《いっぱん》教養などの授業もたくさん受けなければならないので忙《いそが》しい。学年が上がるにつれて、選択《せんたく》科目が増えて、時間割も調整しやすくなる。

でも、この学部の場合は、1年生から3年生まで必修科目や実習、実技の授業が多く、フィールドワークや実習・研究・課題の多いゼミに入っている学生は多忙《たぼう》となる。さらに帰宅後も予習、復習、課題をしなければならないし、その上ア

3年生の充実した一日

授業やゼミ、資格試験の勉強、部活、就活、アルバイトなどで、3年生の時が一番忙しかったとふり返る先輩が多いよ。

小中学校の授業補助やスポーツジムのインストラクター、スポーツクラブのコーチやトレーナーなど、ならではのアルバイトも多いよ。

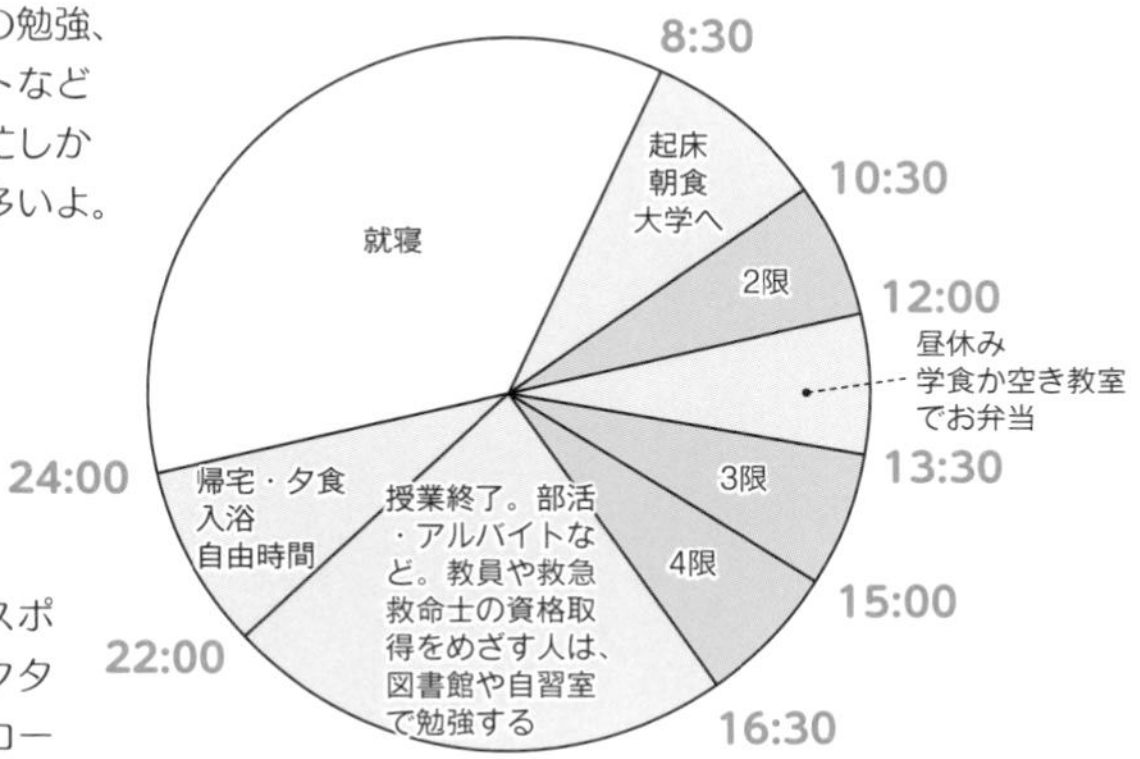

スポーツの本場の国に留学する学生も多い。

ルバイトや部活をしていると帰りが遅《おそ》くなり、夕食、入浴、勉強をしていると就寝《しゅうしん》時間が0時を大幅《おおはば》に超《こ》える学生も多い。つぎの項目《こうもく》でくわしく説明するけど、このような忙《いそが》しい毎日が3、4年生になっても続く人が多いのも、体育学部・スポーツ科学部の特徴《とくちょう》だといえるよ。

資格に挑戦《ちょうせん》する人は忙《いそが》しい

体育学部・スポーツ科学部では各種教員免許《めんきょ》や保育士、救急救命士、アスレティックトレーナーなどの資格取得をめざす学生も多い。そんな人のためにセミナーや試験対策講座を設けている大学もある。

このような学生は、入学から卒業まで多くの時間を勉強に費やすことになる。なかには二つの資格を取得するための勉強で忙《いそが》しくて、部活やサークルもあきらめたという先輩《せんぱい》もいた。4年生になっても毎日勉強ですごく忙《いそが》しいけど、将来やりたい仕事をやるためだからちっとも嫌《いや》じゃないし、むしろ充実《じゅうじつ》していると語っていたよ。

基本的に自由に組み立てられるけど、忙《いそが》しさは将来の目標によって変わる

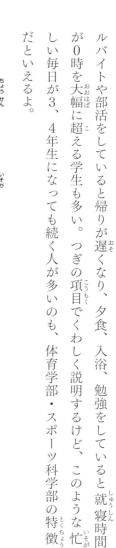

Q19 入学から卒業までの流れを教えてください

1年生は基礎《きそ》を学ぶが実習や専門領域の授業も多い

基本的に1年生は、体育学・スポーツ科学を学ぶ上で必要な基礎《きそ》を身につける入門期だ。

まずは英語などの外国語科目に加え、社会科学系、人文科学系、自然科学系などの領域の基礎《きそ》教養科目を学ぶ。それだけではなく、1年生から専門科目として多くの実技などの実《じっ》践《せん》系科目や理論系科目を学ぶのも、一般的《いっぱんてき》な文系の学部と大きく違《ちが》う点だ。

たとえばある体育学部では、英語や国語、哲学《てつがく》、法学などの教養科目を学ぶが、並行《へいこう》してスポーツ研究、スポーツ哲学《てつがく》、機能解剖《かいぼう》学や、実際に体を動かす運動方法・陸上競技、ソフトボール、水泳などの専門教育科目も履修《りしゅう》するよ。あるスポーツ科学部では、ドイツ語、経営学、数学に加えて、実践的《じっせんてき》なスポーツ方法実習などを履修《りしゅう》する。

また、1年生からゼミでの学び方の基礎《きそ》を身につける基礎《きそ》演習を設置している大学や、専門コースを選択《せんたく》する大学も多いよ。

2年生からは専門科目

2年生以降は、専門科目の学修が本格的に始まる。あるスポーツ科学部では、スポーツバイオメカニクス、予防医学概論《がいろん》、体力測定・評価実習、フィットネス・トレーニング実習、サッカー実習、サッカー指導論演習など、より専門的、実践的《じっせんてき》な科目を学ぶ。

そして、遠泳をしたり水難救助活動のノウハウを学ぶ海浜実習や、雪山でスキーの滑《すべ》り方や指導法を学ぶスキー実習、キャンプの安全なやり方や子どもたちの引率の仕方を学ぶキャンプ実習など、野外実習があるのもこの学部ならではの特徴《とくちょう》だ。

学生が自分の興味・関心、将来の目標に沿って、より深く学べるコースを選択《せんたく》する大学も多いよ。各コースについては2章でくわしく紹介《しょうかい》しているから参考にしてほしい。学ぶ科目もコースによって違《ちが》うんだけど、多くの大学では、選択《せんたく》したコースの中にある科目しか学べないわけではなく、それ以外のコースも横断的に学べるから安心してほしい。

2年生の秋頃《ごろ》に、3年生に入る専門ゼミの選抜《せんばつ》試験がある。人気のある先生のゼミには学生が集中するから、2年生でもしっかり勉強しておこう。

大学生活に慣れた2年生の春休みや夏休みに、海外留学に参加する学生も多い。

実践《じっせん》的《てき》な授業や就職活動も始まる3年生

3年生になると、一般《いっぱん》教養や基礎《きそ》的《てき》な科目が減り、専門分野の勉強がメインとなるよ。たとえば、教員をめざしている学生は体育教育実践《じっせん》法や模擬《もぎ》授業など、スポーツトレーナーをめざしている学生はメンタルトレーニング実習やスポーツ医学実習などで、実践力《じっせんりょく》を鍛《きた》えていく。

また、ほとんどの学生は興味関心のある、もしくは将来やりたい仕事に関係の深いことを研究テーマとしているゼミに入り、指導教員のもとで、特定の研究テーマに基づく双方向《そうほうこう》型教育を受け、専門性を高めていく。さらに3年生の終わりには就職活動も始まる。だから、3年生が一番

入学から卒業まで

	1年生	2年生	3年生	4年生
春	入学式 オリエンテーション	専門的な学習 一般教養	ゼミでの 専門的な研究 実習 フィールドワーク 研修旅行	卒業論文執筆 ゼミの後輩指導 就職活動
	1、2年生からゼミでの勉強の仕方を学ぶ大学も			
夏	専門分野の 基礎的な学習 一般教養 海浜実習		ゼミ合宿	
	夏休みに留学やインターンも			
秋	専門科目を 学ぶ大学も 多い			
	学園祭も			
冬		雪山実習	インターンシップ 就職活動	卒業論文提出 （卒論がない 大学もある）

忙《いそが》しかったとふり返る先輩《せんぱい》も多いよ。

4年生は就活と卒業論文、資格試験などで忙《いそが》しい

4年生になると履修《りしゅう》すべきコマも少なくなり、卒業論文と就職活動が中心となるので、大学に行くことは少なくなる。内定を得た学生はゼミに戻《もど》ってきて、指導教員のもと、自分で設定したテーマに沿って研究し、秋学期にかけて研究の成果として卒論を完成させる。ただ、Q18でも話したけど、教員や救急救命士などをめざす学生は、その勉強で多忙《たぼう》を極める。このような学生は卒業論文がないケースも多いよ。だから4年生も結構忙《いそが》しいんだ。

将来やりたいことをイメージして選ぼう

1年生から4年生までの学び方は、学科、コースによって大きく違《ちが》う。自分が興味のある、追究したい学問領域や将来やりたい仕事をよく考えて、各大学のホームページやガイドブックなどでよく調べて、最適な学びができそうな大学を選ぼうね。

1～4年まで専門科目、実習、ゼミ、就活、卒論、資格試験の勉強などで多忙だ

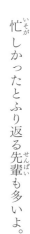

学生
インタビュー
1

体育学部での学びを教師として活かしたい

国士舘大学《こくしかんだいがく》

体育学部こどもスポーツ教育学科　4年生

衛藤実優《えとうみゆ》さん

福岡《ふくおか》県出身。６歳《さい》の頃《ころ》から新体操を始め、高校時代は新体操部に所属し、鹿児島《かごしま》県学校総合体育大会個人の部で２連覇《れんぱ》、インターハイにも出場。小学校教師をめざし、国士舘大学に入学。大学では新体操部のマネージャーを４年務める。

小学校教師をめざして学部を選択《せんたく》

両親が小学校教師だったので、子どもの頃《ころ》から将来は学校の先生になりたいと漠然《ばくぜん》と考えていました。高校の進路選択《せんたく》の時期には、子どもが好きだし、小さい頃《ころ》から新体操に取り組んできたので、得意なスポーツを活かした小学校教師になりたいと明確に決めていました。それで、そのためのカリキュラムが充実《じゅうじつ》している国士舘大学の体育学部こどもスポーツ教育学科を選んだのです。

1年生では、小学校で教える各教科の基礎《きそ》に加えて、学習指導要領や現場での指導方法などを学びました。体育実技や実習も多かったです。たとえば3泊《ぱく》4日のキャンプ実習では、竹とんぼのつくり方やロープワーク、自《じ》炊《すい》の仕方など、小中学校で行う宿泊《しゅくはく》学習で子どもたちを安全に指導するためのノウハウを学びました。2年生から授業はさらに専門的な内容になり、小学校の各教科の具体的な教育方法などを学びました。

3年生になると、同級生や教員の前で模擬《もぎ》授業を行うなど、より実践的《じっせんてき》な授業がメインとなります。模擬《もぎ》授業は自分では内容を理解していても、実際に言葉にして話すと正しく伝わっていなかったりと、最初の頃《ころ》は難しかったですね。でも、模擬《もぎ》授業が終わった後、同級生から感想をもらうことで、自分では意識していなかったことに気づけました。このような活動を通して、実際の授業の仕方を学べたのでとても有意義でした。

ゼミで知り合った仲間が刺激《しげき》に

3年生からはゼミも始まります。ゼミでは基本的に教員採用試験に合格するための勉強をしていました。そのため、全員で何かの研究に取り組むのではなく、個々で自分の研究したいテーマを決めて、それに沿って調べたり勉強したりするという感じです。ゼミの仲間はさまざまな価値観をもつ個性的な人が多かったので、自分だけでは知り得なかったことや新しい気づきが得られました。

また、それぞれ自分の目標に向かって、私とは違《ちが》うやり方で挑戦《ちょうせん》している人もいたので、おおいに刺激《しげき》になり、目標達成のための道筋を構築することができました。

教育実習でより教師への思いが強く

4年生になると授業はぐっと少なくなり、メインは教員採用試験の勉強と卒業論文の執筆《しっぴつ》になります。また、実際に学校へ行き、児童や生徒の前で授業をする教育実習も始まります。私は母校の高校と小学校で教育実習を経験しました。特に小学校は授業が全教科あり、子どもの宿題を見たりテストの採点もしなければなりません。時間的な余裕《よゆう》がなく、さらに、子ども同士のトラブルの仲裁《ちゅうさい》や保護者への対応も頻繁《ひんぱん》にしなければならないので、大変でした。でも、子どもたちと休み時間に遊んだり、子どもたちから話しかけてくれるのがうれしかったので、教師になりたいという思いがさらに強くなりました。

部活とアルバイトにも熱中

学業以外では部活とアルバイトにも打ち込《こ》みました。大学でも引き続き新体操部に入って選手として活動したかったのですが、教師になるための勉強との両立で新体操を選手として続けられるか不安がありました。そんな時に新体操部のコーチから誘《さそ》いを受けて、マネージャーとして入部を決めました。主な仕事は練習時に曲をかけたり、ケガをした人に応急処置をしたり。また、主務も兼《か》ねているので、部費の管理や大会の申し込《こ》み、交通手段・宿泊《しゅくはく》の手配なども担いました。

2年生の秋からは、教師になる前に実際の学校現場を知っておきたいと思い、大学近くの小学校で学生支援《しえん》員のアルバイトをして、さまざまな雑務を経験しました。また、3年生からは別の小学校で特別支援《しえん》学級の支援《しえん》員として、困難をかかえる子どもの生活面と学習面をサポートしました。

地元の小学校教師に

4年生の初夏に福岡市の小学校の教員採用

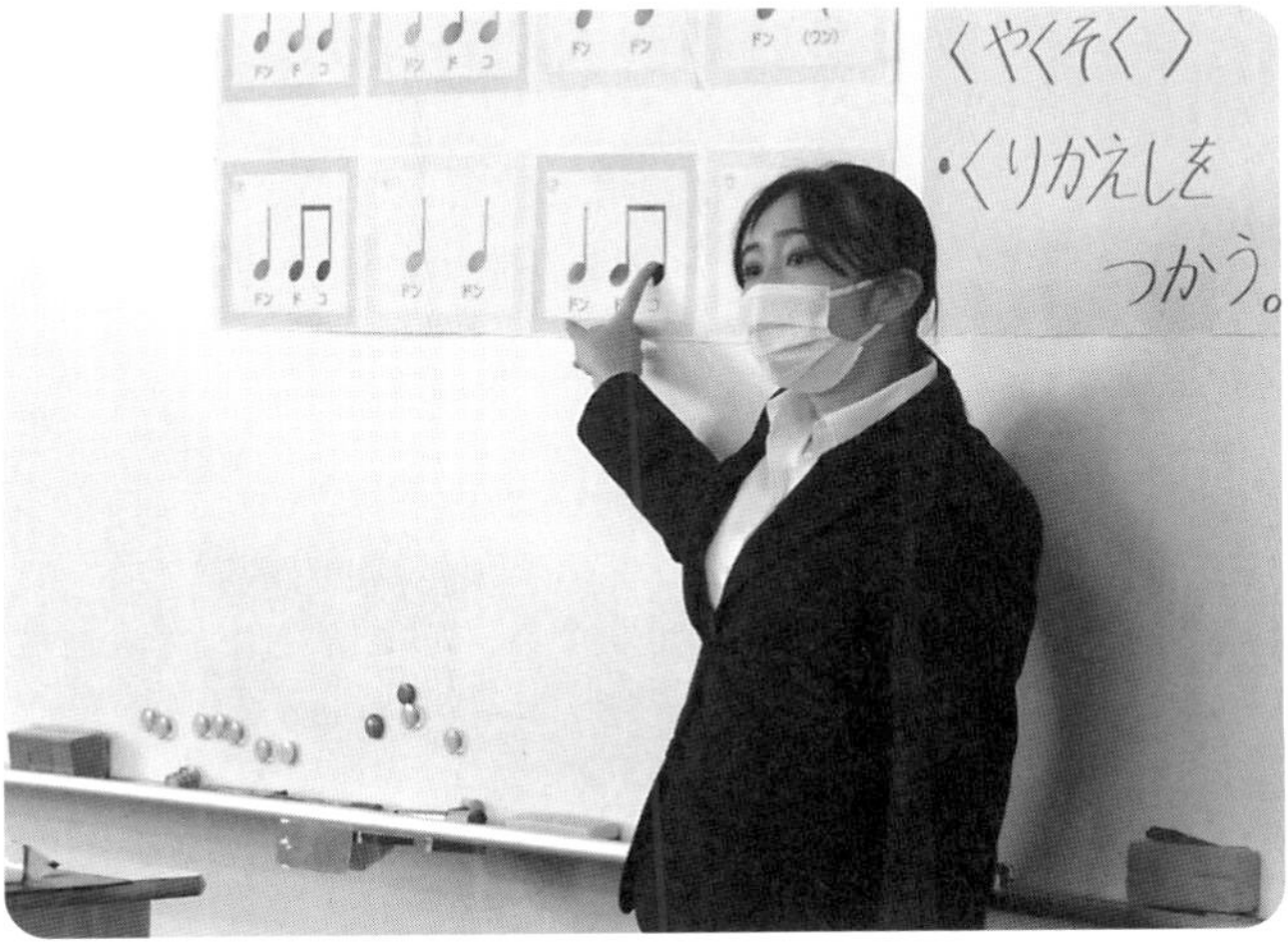

大学の授業で模擬授業をしているようす　取材先提供

試験を受けて、秋に合格しました。小学校教師の両親が働く同じ地元で、同じ小学校教師として働くという、子どもの頃《ころ》からの夢《ゆめ》が叶《かな》いました。すごくうれしかったですね。同時に、合格の自信がそれほどあったわけではないので、安心しました。

教育実習でも実感しましたが、今小学校の現場は人手不足で、仕事は大変だと聞いています。ただ、小学校は人としての基盤《きばん》をつくる最初の場所なので、子どもに寄り添《そ》い、その手助けがしたいと思っています。

具体的には、勉強面では授業でわからないところや授業の仕方に関する要望などを言いやすい教師。勉強以外でも悩《なや》みごとを気軽に相談しやすく、解決してくれそうと思ってもらえる教師。そんな、子どもに信頼《しんらい》される教師を目標に、がんばっていきたいです。

学んだことを活かして あこがれの養護教諭をめざす

学生
インタビュー
2

日本《にっ》本《ぽん》体《たい》育《いく》大《だい》学《がく》

体育学部健康学科ヘルスプロモーション領域 3年生

本《ほん》間《ま》 梓《あずさ》さん

新潟《にいがた》県出身。高校時代は空手に打ち込《こ》む。大学入学後は養護教諭《きょうゆ》と中高の保健体育教員の免許《めんきょ》を取得するため、勉強中。2年生までフィンスイミング部に所属。東京《とうきょう》駅構内の菓子《かし》店で販売《はんばい》のアルバイトを経験。

小学校教師から養護教諭《きょうゆ》へ変更《へんこう》

高校時代は小学校の教師になりたいと思っていたので、免許《めんきょ》が取れる教育学部を受験したのですが、不合格となってしまいました。どうしようかなと考えた時、子どもが好きだから養護教諭《きょうゆ》もありかなと思って、日本体育大学（日体大）体育学部に入学したんです。

特に好きだった授業は1年生の時に学んだ機能解剖《かいぼう》学。筋肉や内臓、骨などの人間の体の中の構造について学ぶ授業でした。私はもともと人間の体の構造、特に骨に興味がありました。見えないところでがんばって働いて自分を生かしてくれている組織たちについて学ぶのは、とてもワクワクしておもしろかったです。当初志望していた教育学部では、ここまでくわしく学べなかったと思います。

また、体を動かすことが好きだったので、運動の授業もとても楽しいと感じました。だから第一志望ではなかったものの、日体大の体育学部に入ってよかったと思いました。

2年生からは、子どもの体力向上や健康の保持増進を担う養護教諭《きょうゆ》や指導者をめざすヘルスプロモーション領域を選択《せんたく》。養護教諭《きょうゆ》になるための実践的《じっせんてき》な授業が増えました。特に看護臨床《りんしょう》実習では、看護師や医師が患者《かんじゃ》さんとどのようにコミュニケーションをとっているかを間近で見られるなど、とても貴重な体験ができます。

たとえば、看護師は病気の子どもだけではなく、その両親ともかかわります。保護者の心のケアの仕方まで学ぶことができました。

座学でも、救急処置という授業で熱中症《しょう》の処置の仕方やAED（自動体外式除細動器）の使い方など、養護教諭《きょうゆ》になってすぐに役に立ちそうなことを学びました。

これからは子どもに対するヘルスカウンセリングや、実際に学校に行って養護教諭《きょうゆ》の仕事を体験する養護実習があるので楽しみです。

ゼミで子どもの遊びについて研究

3年生からは、学校保健学のゼミに所属しています。先生が元保健体育の教員で、多くの現役の養護教諭《きょうゆ》とのつながりがあり、学校の子どもたちの状況《じょうきょう》を聞くことができるんです。また、ゼミの授業の一環《いっかん》として、実際に私たちも近くの小学校に行き、養護教諭《きょうゆ》から子どもたちがかかえる問題などをヒアリングできるので、とても有意義なんです。

ゼミではテーマごとに三つのグループに分かれていて、私は子どもの遊びについて研究するグループに入りました。もともと興味のある分野で、最新の情報が得られて楽しいです。具体的には、コロナ禍《か》での子どものケガや視力の低下について調査しました。

私には年の離《はな》れた妹がいて、コロナ禍《か》で家に引きこもらざるをえず、外に出て遊ぶ機会がめっきり減りました。私自身も家にいることが増えて、体を動かさなくなりました。その後、子どもたちは自宅待機が解除になり、学校に通えるようになりましたが、骨折や靭《じん》帯《たい》損傷などのケガが増えているという話を聞きました。

確かに私もコロナ禍《か》で運動不足になったので、子どものケガが増えてもおかしくないとは思いました。しかし、そんなに大きなケガがたくさん増えていると知って、将来、養護教諭《きょうゆ》として現場に出た際に、子どもに何をしてあげられるのかと考えさせられました。ゼミで子どもの遊びを研究する過程で、子どもは奇想天外《きそうてんがい》な動きをしたり、中学生は部活でがんばりすぎたりするので、体の状況《じょうきょう》とケガをつなげて考えられるようになりました。

これからの対策は、知識だけではなく実際に現場の状況《じょうきょう》を知らないと立てられません。だからゼミで現場の先生の声を直接聞けるのは、将来、養護教諭《きょうゆ》になった時に役立ちそうで、とてもありがたいです。

中学時代の養護教諭《きょうゆ》のようになりたい

中学2年生の時に、授業中に突然《とつぜん》意識がなくなって倒《たお》れてしまい、気づいたら保健室のベッドの上にいた、ということがありました。まわりはもちろん、私自身もはじめてのことで驚《おどろ》き、動揺《どうよう》しました。

学生インタビュー

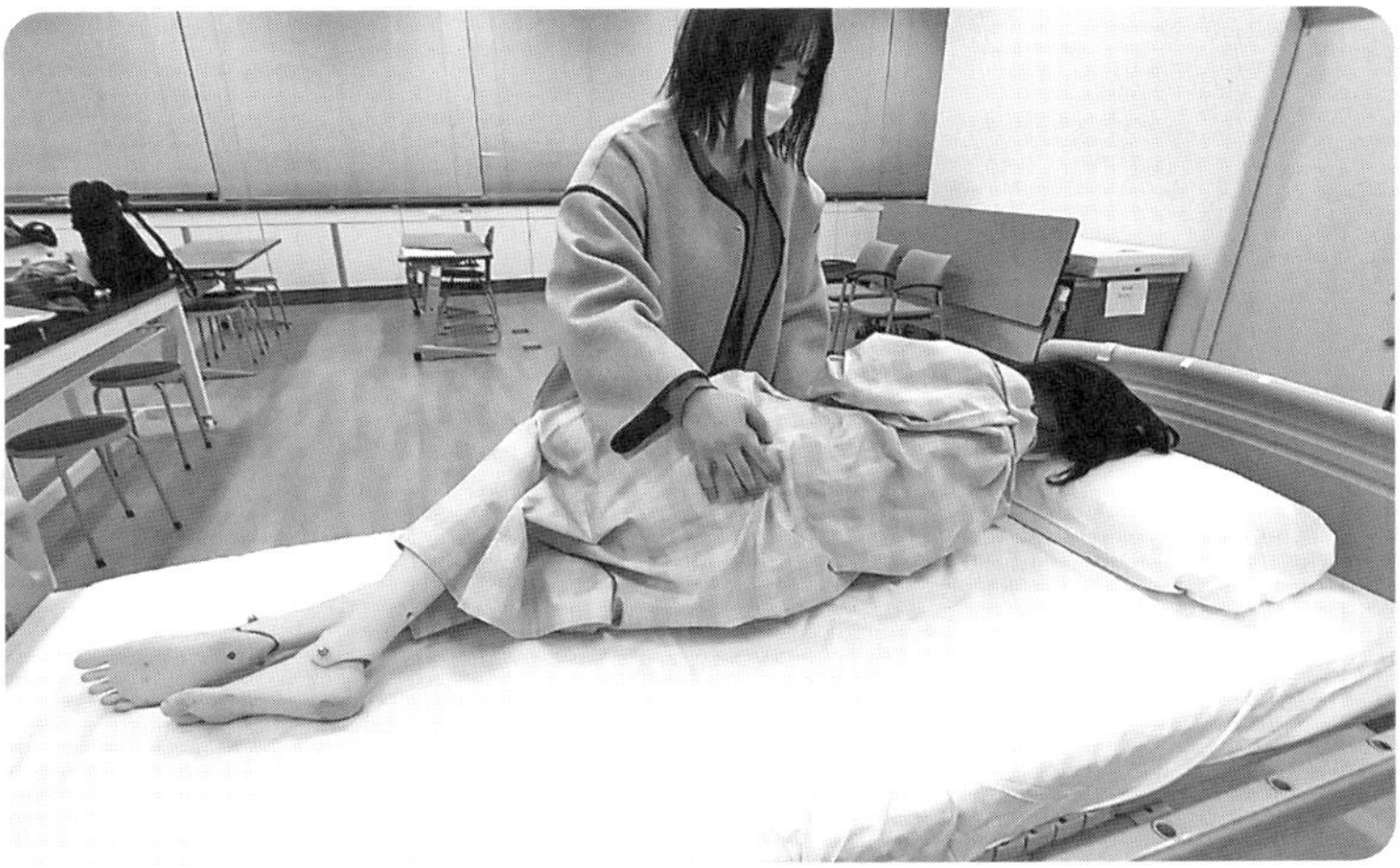

養護教諭をめざした実習のようす　取材先提供

養護教諭《きょうゆ》の先生から親が保健室に向かっていると聞きましたが、しばらくは気が動転したまま。その間も先生はそばについて、救急車の手配もしつつ、私の話もしっかり聞いてくれたんです。こんな時でも落ち着いて話せる空間をつくる養護教諭《きょうゆ》はすごいと感動しました。また、中学時代、部活でケガをした時は、補助金が出ることや申請《しんせい》の仕方などを親に伝えてくれました。子ども一人ひとりに応じて家庭までケアできる養護教諭《きょうゆ》はすてきだなと思いました。

小学校教師になりたいと思っていた私ですが、心のどこかでこの先生のようになりたいと思っていた部分もあったのでしょう。目標を養護教諭《きょうゆ》に変えても、楽しく勉強できています。今後も中学時代の先生をめざしてがんばりたいです。

理論と実践の両面から将来の夢に直結する学びを

学生インタビュー
3

法政大学
スポーツ健康学部スポーツビジネスコース 3年生
小林《こばやし》真之《まさゆき》さん

取材先提供（以下同）

東京都出身。中学・高校と野球部に所属。将来の夢《ゆめ》をプロ野球チームの職員に定め、スポーツビジネスコースを選択《せんたく》。マーケティングやスポーツ消費者行動論を専門に勉強中。独立リーグの運営元の企業《きぎょう》でのインターンや、ラジオ局でプロ野球中継《ちゅうけい》のアルバイトもしている。

幼い頃《ころ》の野球観戦が原点

幼い頃《ころ》から野球が大好きで、よく親といっしょに球場で観戦していました。僕《ぼく》自身も小学校の高学年から野球を始め、中学・高校と野球部で汗《あせ》を流していました。高校で、自分が心底楽しいと思う野球をただ観る側としてだけではなく、実際に運営する側としてかかわってみたいと思い、将来の目標をプロ野球チームの運営スタッフに定めました。

そのためには、もっと野球ファンの気持ちについて学ぶ必要があります。よりスポーツに特化したビジネスについて専門的に深く学べる学部を調べたところ、法政大学にスポーツ健康学部スポーツビジネスコースがあることがわかりました。まさに僕《ぼく》の希望にドンピシャだったわけです。

大学1年生では、スポーツ全般《ぜんぱん》の基礎的《きそてき》なことを学びました。必修科目が多いので、ほぼ毎日1限から3、4限まで授業がありました。1年生の間は、その必修の基礎《きそ》科目のなかから特に興味のあるものを探す感じで学びます。ただ僕《ぼく》の場合は、スポーツビジネス論やスポーツメディア論、スポーツマーケティング論などまさに学びたかった授業があったので、特に力を入れて履修《りしゅう》しました。

2年生になると、三つあるコースのなかからひとつを選択《せんたく》します。僕《ぼく》はもちろんスポーツビジネスコースを選択《せんたく》しました。授業もより実践的《じっせんてき》となり、すごくおもしろかったです。たとえば、実際に集客に成功しているスポーツチームがファンに向けて実施《じっし》している施策《しさく》の内容や運営方法などを、理論と実践《じっせん》の両面から解説してもらいました。

刺激的《しげきてき》だったゼミでの学び

法政大学の場合は、2年生からゼミが始まります。僕《ぼく》はスポーツマーケティングやスポーツ消費者行動論が専門の先生のゼミに入りました。座学から始まって、1年生の時に学んでいた基礎《きそ》からそれぞれの学びを深掘《ふかぼ》りしていきました。また、少人数のグループに分かれて、企業《きぎょう》が顧客《こきゃく》に向けて打っている施《し》策《さく》について調査・分析《ぶんせき》してプレゼンテーションすることもありました。

実際にフィールドワークも経験しました。僕《ぼく》の場合は、千葉《ちば》ロッテマリーンズの球場に行って来場者にアンケート調査を行いました。その集計をもとに、来場者の心理を分析《ぶんせき》したり研究したりすることは、すごく刺激的《しげきてき》でおもしろかったです。このようにゼミでは、まさに僕《ぼく》の夢《ゆめ》の実現のために必要なことを数多く学ぶことができました。

3年生になると、より専門的な学びになります。特に興味深かった授業は、ゼミの先生が講師を務めているスポーツ消費者行動論。スポーツ消費者が何を考え、どのような段階を踏《ふ》んでスポーツイベントに参加したり商品を購入《こうにゅう》したりするか、実例をもとに教えてくれました。僕《ぼく》がやりたいと思っているファンマーケティングに直結した授業なので、将来の仕事にダイレクトに役立つと実感しました。

大学での学び以外でも、将来の夢《ゆめ》のために3年生からプロ野球の独立リーグの運営元の企業《きぎょう》でインターンを始めました。試合の経過の情報を通信社や新聞社に送ったり、運営元の試合結果を見てデータを管理したりする仕事です。実際にマーケティング戦略に関する話を聞く機会もあり、とても有意義です。

また、多角的に野球を見るために、独立リーグの公式記録員や、ラジオ局のプロ野球中継《ちゅうけい》番組のサポートやデータ管理のアルバイトもしています。勉強とインターン、加えて二つのアルバイトで忙《いそが》しいですが、大好きな野球にかかわれて充実《じゅうじつ》した毎日です。

現場の雰囲気《ふんいき》を肌《はだ》で感じることが大事

どこの学部に入ればいいか悩《なや》んでいる人は、自分の好きなことを一番大切にしてください。たとえばスポーツが好きなら、その気持ちを大事にして体育系の学部に入れば、専門的に学びたいことが見えてくるはずです。

僕《ぼく》と同じように将来スポーツビジネス関連の仕事がしたいと考えている人は、観客がどんな顔をしているのかなど、現場の雰囲気《ふんいき》を

学生インタビュー

スポーツビジネスへの夢をもつ仲間とともに

肌《はだ》で感じることが大事だと思います。だから実際に自分の好きなスポーツだけではなく、ほかのスポーツの試合を見に行くこともお勧《すす》めします。マーケティング理論だけでは学べないことが身をもって感じられて、大学に入った後も役に立ちますよ。

スポーツ健康学部にはスポーツが好きな人はもちろんのこと、スポーツビジネスにたずさわりたいという同じ夢《ゆめ》をもつ学生にも多く出会えます。ほかの学部ではできないスポーツに特化した夢《ゆめ》や目標をもつ仲間とともに学べるこの学部は、スポーツでやりたいことがあるならば、理想の環境《かんきょう》だと思います。

僕《ぼく》は幼い頃《ころ》から、球場でたくさんの楽しい思い出をつくってきました。今度は僕《ぼく》が、球場に来た子どもたちを笑顔《えがお》にしたい。そのためにこれからも一生懸命《いっしょうけんめい》がんばります。

健康に関する科学的な知見で人びとの幸せに貢献したい

学生インタビュー 4

立命館大学《りつめいかんだいがく》

スポーツ健康科学部スポーツサイエンス領域　4年生

原田涼平《はらだりょうへい》さん

京都《きょうと》府出身。中学から陸上の短距離《たんきょり》走を始め、中学、高校と全国大会出場の実績をもつ。大学でも陸上部に所属。ゼミで身につけた知識やプログラミングスキルを使って動作解析《かいせき》のシステムを構築。卒業後は富士《ふじ》フィルムヘルスケアで医療《いりょう》機器の営業職として勤務予定。

取材先提供（以下同）

より速く走るために学部を選択《せんたく》

中学・高校と陸上競技の短距離《たんきょり》走の選手だったので、速く走るためにはどうしたらいいのかをずっと考えていました。大学でも短距《たんきょ》離《り》走を続けるつもりで、速く走るための科学的な根拠《こんきょ》に基づく理論を学び、実践《じっせん》したかったので、スポーツ健康科学部を選びました。

立命館大学を選んだのは、スポーツ研究施《し》設《せつ》と陸上部が全国トップレベルで、スポーツ科学に関してより専門的に深く学べると判断したからです。実際に大学で学び始めてみると、授業も設備も高度で、驚《おどろ》くことが多かったですね。

3年生になると、スポーツサイエンスの分野を専門的に学ぶようになりました。その理由はもちろん、競技力向上のため。

学生インタビュー

1、2年生の時は基礎的《きそてき》な知識を学習するような授業が多かったです。でも、3年生になると、動作のバイオメカニクス・運動メカニズムなど、最新の研究動向を踏《ふ》まえた専門的な学びとなりました。発展、応用的なことを学ぶことができました。

特におもしろいと感じた授業は、トレーニング理論や生理学などの基礎的《きそてき》な学問を統合、応用して、より効果的なトレーニングプランを組み立てる授業です。この授業では、今の体の状態を評価して運動メニューを考えるので、将来、健康維持《いじ》・増進のためにも非常に役に立つと感じました。

また、3年生からはスポーツ工学のゼミに入りました。所属していた陸上競技部では、あるスポーツ用品メーカーのスパイクやウエアなどの新製品開発に協力していました。これに興味をもったので、かかわりのある先生のゼミに入ったわけです。

ゼミでは先輩《せんぱい》に誘《さそ》われて、小学校の体育の50メートル走の指導に使うためのICTツールの研究開発に加わりました。

走りを映像から評価できれば、最初の頃《ころ》に比べてこれだけよくなった、と児童にわかりやすく伝えることができます。そのために、走る児童を撮影《さつえい》し、タブレット端末《たんまつ》に取り込《こ》み、その映像から走っている最中の関節の角度や、重心の位置をピックアップしてフィードバックするというシステムを構築しました。

大学生活一番の思い出

スポーツ工学のゼミなので、民間企業《きぎょう》や自治体から、センサーを扱《あつか》うプロジェクトや仕事の依頼《いらい》が来ることがありました。そのうちのひとつとして、３年生の秋にゼミの先《せん》輩《ぱい》といっしょに、宮崎《みやざき》県のジュニアアスリート発掘《はっくつ》プロジェクトのサポートをしました。

小学生を対象に、将来のアスリート候補を発掘《はっくつ》するというもので、体力テストの種目である縄跳《なわと》びのテストにかかわりました。小学生の腰《こし》に加速度センサーをつけて縄跳《なわと》びをすると、ジャンプの安定度などが測定でき、その結果で運動センスが評価できるんです。

終了《しゅうりょう》後、宮崎県の職員から感謝されました。このプロジェクトに参加することで、僕《ぼく》らのゼミがスポーツ現場で必要とされていることや、日々学んでいることが実際に役立つことをはじめて実感できました。大学生活の一番の思い出ですね。

４年生からは卒業研究がメインとなります。僕《ぼく》のテーマは「陸上競技のための映像を用いた動作解析《かいせき》システムの構築」。ゼミで３年生の時に取り組んでいた研究を発展させました。

今は陸上部の選手の走行データを取ってフィードバックするという、映像から動作を分《ぶん》析《せき》してトレーニングに役立つようなシステムを構築しています。そのために独学でプログラミング言語も勉強しました。

人びとの健康維持《いじ》・増進に貢献《こうけん》したい

就職に関しては、部活やゼミでの体験でものづくりに興味をもったので、最初はスポーツメーカーの開発職を志望していました。しかし、実際に就職活動を進めるうちに、ものづくりよりも、課題を見つけて解決に導くことのほうが、自分の力が発揮できることがわかりました。

加えて、大学で科学的に学んだ「健康」は、

速く走るための科学的な理論を学び、実践していく

人びとが幸せに生きる上で根幹となる、必要不可欠なもの。それに貢献《こうけん》できる医療《いりょう》業界に、とても魅力《みりょく》を感じるようになったんです。

なかでも医療《いりょう》機器メーカーは、社会的な貢献《こうけん》度が高い。自分の仕事が多くの人びとの健康を支えている、人びとが幸せに生きる上で役に立っているという実感を得られやすいと感じました。モチベーションを高く保ちながら働くことができそうなので、富士フィルムヘルスケアを選んだのです。

仕事には、大学で学んだ人びととの健康増進につながる知識が役立ちそうです。また、ゼミで身につけた、多くの情報から論理的に考えて実践《じっせん》する力や、課題を発見して解決する力も活かせると思います。これらの力で人びとの健康増進、病気の早期発見、治療《ちりょう》に貢《こう》献《けん》したいと考えています。

4章

資格取得や卒業後の就職先はどのようになっていますか？

Q20 卒業後に就く主な仕事はなんですか？

体育学部・スポーツ科学部出身の学生は引っ張りだこ

これまで何度も話してきたように、体育学部やスポーツ科学部は人間の体や心、その動き、活動や育成について学ぶ学問なので、生きる上で役立つ。ということは働く上でも役立つということだ。だから、この学部を卒業した人はあらゆる業界、業種の企業《きぎょう》や団体、教育機関、行政機関に就職しているよ。

しかも、体や心についての知識を身につけ、仲間との対話をくり返しつつ目標に向かって協力、努力することを身体活動を通して学んできた学生は、企業《きぎょう》などからの人気が高い。そのため、100％に近い就職率を誇《ほこ》る学部もめずらしくないんだ。

一番多いのは一般《いっぱん》企業《きぎょう》への就職

体育学部は体育教員を養成する学部というイメージが強いから、一番多いのは教員だと思っている人も多いだろうけど、**実はそうじゃない。教員として幼稚園《ようちえん》、保育園、小中高校に就職するのは、どの大学の体育学部も全体としてはだいたい30～40％くらいしかいないんだ。**スポーツ科学部にいたっては数％しかいない。

一番多いのは一般企業《いっぱんきぎょう》だ。その中で特に多いのは、スポーツ用品メーカー、医療《いりょう》機器メーカー、製薬会社、健康関連メーカーなどの製造業。あとは健康増進施設《しせつ》、医療《いりょう》機関、福祉施設《ふくししせつ》、プロスポーツクラブなどで、スポーツや健康、医療《いりょう》に関する企画《きかく》立案、管理運営、営業、開発などの業務にたずさわっている。そのほか、テレビ局や新聞社などのメディア企業《きぎょう》で番組ディレクターや記者として、フィットネスクラブ、スポーツ施設《しせつ》などで、インストラクターやコーチ、トレーナーとして活躍《かつやく》している先輩《せんぱい》もいるよ。

スポーツ用品メーカーやプロ野球球団に就職した先輩《せんぱい》は、大学時代に学んだ体の動きやスポーツに関することが、仕事にすごく役立っていると語っていたよ。

ただし、全員が希望するスポーツ関連の企業《きぎょう》に就職できるわけではない。スポーツとはまったく関係のない企業《きぎょう》で働いている人も少なくないよ。だけど、ある体育学部の教員は、「この学部で身につけた知識やスキルは、どこにいっても通用する。実際に、多くの卒業生がいろいろな業界で活躍《かつやく》している」と教えてくれたよ。

もちろん、やりたい仕事が決まっている人は、大学での勉強をがんばろう。

公務員として活躍《かつやく》する人も多い

つぎに多いのは教員を除いた公務員だ。自衛官・警察官・消防官・海上保安官など体を使う職業は、大学時代に鍛《きた》えた強靭《きょうじん》な肉体と体力、精神力が活かせる。救急救命士の養成を目的とするあるスポーツ医科学科では、ほとんどの卒業生が救急救命士の資格を取得し、地方自治体の消防署に救急隊員として就職、人命救助に尽力《じんりょく》している。

救急救命士の資格を取り救急隊員として働いている先輩《せんぱい》は、大学時代に学んだすべてのことが仕事に生きていると話してくれたよ。ほかにも国家・地方公務員として、スポーツ振興《しんこう》と健康づくりのための政策立案、運営、指導などの業務にたずさわる人も多い。

また、武道学科は、警察官になる卒業生が多いけど、青年海外協力隊《せいねんかいがいきょうりょくたい》などで、海外で剣道《けんどう》や柔道《じゅうどう》、空手などを教える指導者として活躍《かつやく》している先輩《せんぱい》もいるよ。

独立開業する人も

起業する人も多い。ある大学の体育学科では、在学中にスポーツジムのインストラクターの資格などが取得できるから、パーソナルトレーナーとして自分でトレーニングジムを起業できる。なかにはパーソナルトレーナーとして独立して、有名芸能人やスポーツ選手

あらゆる業界・業種の企業《きぎょう》、団体から大人気だ！

を担当している卒業生もいる。

また、武道学科の柔道《じゅうどう》コースの卒業生は、柔道《じゅうどう》整復師の資格を取って整骨院や病院、介護《かいご》施設《しせつ》に勤めたり、自分で整骨院を開業する人もいる。大学時代に身につけた知識やスキルで独立して、同年代の会社員よりも収入が多い人もいる。

それから、スポーツ科学部などでスポーツサイエンスやスポーツ医学を勉強していた学生は、そのまま大学院に進学して研究を続ける人も少なくないよ。スポーツ科学部を卒業後、一番多くの学生が進む先が大学院という大学もあるくらいだ。

体育学部とスポーツ科学部は、学科やコースのカリキュラムがある特定の職業に就くことを想定して組まれているケースが多い。そうでなくても、身につけられる知識やスキルがかなり専門的・実践的《じっせんてき》で、仕事をする上で直接役立つことも多い。だからこそ、就きたい職業が決まっている人には最適だけど、それだけになんとなく学科やコースを選ぶと途《と》中《ちゅう》でこんなはずでは……と後悔《こうかい》するはめにもなりかねない。だから入学前に、ぼんやりとでもいいから将来進みたい方向、分野だけでも考えおくことをお勧《すす》めするよ。

Q21 体育学部・スポーツ科学部で取りやすい資格を教えてください

取りやすい資格のオンパレード

ほとんどの体育学部・スポーツ科学部では、専門職を養成するカリキュラムが組まれているので、必要な単位を取って卒業すれば取得できる免許《めんきょ》や、受験資格が取得できる資格が多い。よって、取りやすい資格はたくさんあるんだ。

教員関連、トレーナー関連の資格

まず、体育教員の養成を目的とした学科・コースでは、中学校・高等学校教諭《きょうゆ》一種免《めん》許《きょ》状（保健体育）、養護教諭《きょうゆ》一種免許《めんきょ》状、特別支援《しえん》学校教諭《きょうゆ》一種免許《めんきょ》状（知的障害者・肢体《したい》不自由者・病弱者）、レクリエーション・インストラクター、公益財団法人日本体育《にほんたいいく》協会《きょうかい》公認スポーツ指導者（共通科目Ⅰ＋Ⅱ＋Ⅲ免除《めんじょ》、水泳コーチ［専門科目免除《めんじょ》］）など。

スポーツコーチやトレーナーの養成を目的とした学科・コースでは、CSCS（認定ストレングス&コンディショニングスペシャリスト)、NSCA-CPT(NSCA認定パーソナルトレーナー)、JPSUスポーツトレーナー、JATI認定トレーニング指導者資格(JATI-ATI)などの受験資格が得られる。これらの資格があると、スポーツジムへの就職はもちろん、国内外で活躍《かつやく》する一流プロスポーツ選手の専属トレーナーや自分でトレーニングジムを経営する道も開けるよ。

また、公益財団法人健康《けんこう》・体力《たいりょく》づくり事業財団《じぎょうざいだん》認定健康運動指導士、健康運動実践《じっせん》指導者、公益財団法人日本《にほん》スポーツ協会《きょうかい》公認スポーツ指導者制度の水泳コーチ3、ハンドボールコーチ1などの受験資格が得られる。これらの資格は

体育学部・スポーツ科学部で取得をめざせる主な資格

- 中学校・高等学校教諭一種(保健体育)
- 養護教諭一種
- 小学校教諭一種
- 幼稚園教諭一種
- 各種トレーナー資格
- 日本スポーツ協会公認スポーツ指導者
- 健康運動実践指導者
- 柔道整復師
- 第一種衛生管理者
- 救急救命士
- キャンプインストラクター

自分を含《ふく》め一般《いっぱん》の人たちの健康増進、維《い》持《じ》に貢献《こうけん》できる。やりがいのある仕事に就ける可能性が高くなる。

その他の資格

スポーツ科学部はこれらに加えて、日《に》本《ほん》サッカー協会《きょうかい》公認C・D級コーチの申請《しんせい》資格、日本スポーツ協会公認コーチ1～3の共通科目免除《めんじょ》、日本スポーツ協会公認アスレティックトレーナー共通科目免除《めんじょ》／専門科目受験資格など。

また、第一種衛生管理者の受験資格を得られる大学もある。衛生管理者とは、企業《きぎょう》で労働者の衛生を管理する人。具体的には労働環境《かんきょう》のチェック・改善や疾病《しっぺい》の予防対策などを行う。ケガや病気

の比較的《ひかくてき》少ない一般的《いっぱんてき》な会社に加え、医療《いりょう》、ガス、水道、建築、運送など、有害な化学物質を扱《あつか》ったり、ケガをする危険性が高い作業を行う環境《かんきょう》の職場でも衛生管理を担当できるから、就職先の幅《はば》がぐっと広がる。

スポーツ医科学科は、救急救命士がめざせる。ある体育学部のスポーツ医科学科は医学理論、救急医学、救助法などについて座学・実習の両面から学ぶので、4年間で必要な授業を履修《りしゅう》、単位を取得して卒業すれば、救急救命士の国家試験受験資格を取得できる。

武道学科は日本スポーツ協会公認スポーツ指導者や柔道《じゅうどう》整復師のほか、柔道《じゅうどう》や剣道《けんどう》、空手の段位の取得がめざせる。

子どもスポーツ教育学科は、小学校教諭《きょうゆ》一種免許《めんきょ》状や幼稚園教諭《ようちえんきょうゆ》一種免許《めんきょ》状、保育士資格などが取得できる。スポーツビジネスコースやスポーツマネジメントコースに、簿記《ぼき》などの特別講座を設けている大学もある。そのほか、スポーツプログラマー、レクリエーションインストラクター、キャンプインストラクターなどの受験資格を得られる学部もある。

取れる・取りやすい資格も学部、学科、コースによって違《ちが》うから、よく調べてみよう。

取れる・取りやすい資格はたくさんある

Q22 意外な仕事でも活躍している先輩はいますか？

スポーツとは無関係の企業《きぎょう》

体育学部とスポーツ科学部の卒業生は、体育やスポーツ、健康に関連した仕事をする人が多いとイメージする人が多いだろう。そういう意味では、意外な仕事といえば、スポーツとは関係のない、一般《いっぱん》企《き》業《ぎょう》の会社員ということもできるだろう。でも、Q20でも説明した通り、卒業生の半分以上はそれらと関係のない企業《きぎょう》で体を使わない仕事をしている。この事実も意外だよね。

スポーツマスコミ

テレビ局や新聞社、出版社などのマスコミ業界に就職する人も少ないけれどいる。スポーツは多くの人びとが好きなので、テレビ番組や新聞、雑誌で人気ジャンルのひとつとして確立されている。みんなのなかにもサッカーや野球などのスポーツ中継《ちゅうけい》番組や、有名

マスコミ業界に就職したり、お笑い芸人になる人も

人気スポーツ選手が多数出演するバラエティー番組をよく観たり、スポーツ新聞、スポーツ雑誌などを読んだりする人も多いと思う。

特に運動部で活躍《かつやく》した有名選手や、スポーツメディアについて学ぶスポーツビジネスコース出身者のなかには、スポーツ番組のディレクターやアナウンサー、新聞の運動面の記者、スポーツ雑誌の編集者、ライターなどになる人も多い。それに、マスコミ業界はハードワークなので、大学時代に心身ともに鍛《きた》えられた体育学部出身の学生は重宝がられるよ。

芸能関係など

大学時代に鍛《きた》えた肉体や高い運動能力を使って、歌いながら激《はげ》しく踊る歌手や、筋肉モデル、お笑い芸人として活躍《かつやく》している卒業生も少なくない。

また、ゼミの研究で不登校や引きこもりなどの問題をかかえる子どもを対象としたキャンプに参加して、そのままキャンプのスタッフになる人もいる。また、青年海外協力隊の隊員として海外で活躍《かつやく》する人もいるよ。

卒業生
インタビュー
1

生徒の人生がいい方向に向かうきっかけになりたい

東京都立墨田工科高等学校《とうきょうとりつすみだこうかこうとうがっこう》　保健体育教員
日本体育大学《にっぽんたいいくだいがく》体育学部体育学科卒業

森本《もりもと》　遼《りょう》さん

福井《ふくい》県出身。小学３年生から野球を始め、高校時代は野球部のキャプテンを務める。大学では軟式《なんしき》野球部で活動。保健体育の教員として東京都立第三商業《だいさんしょうぎょう》高等学校で４年勤務後、現在の高校へ。体育科の主任、１年４組の副担任、生活指導担当、野球部の顧問《こもん》などを務めている。

消防士から教員へ方向転換《てんかん》

現在、高校で保健体育の教員をしていますが、高校時代は教員になりたいなんて、まったく思っていませんでした。父が消防士だったので漠然《ばくぜん》と同じ道を考えていました。

分岐点《ぶんきてん》となったのは、体育の先生で、所属していた野球部の顧問《こもん》の言葉です。僕《ぼく》は後輩《こうはい》に野球を教えるのが好きで、よく指導していました。その姿を見て、「監督《かんとく》の素質があるから、とりあえず体育系の大学に進学して保健体育の教員免許《めんきょ》を取得してはどうか。消防士になるのはそれからでも遅《おそ》くないんじゃないか」と両親に話してくれました。

両親も賛同したので、日本体育大学体育学部に進学したんです。その顧問《こもん》の言葉がなければ消防士の道に進んでいたでしょうね。

大学入学後、本格的に教員になりたいと思ったきっかけが二つあります。ひとつ目は3年生から始まるゼミでした。もともと子どもの人権に興味があったので、学校の現場では、担任の先生やクラスメートとうまくかかわれない子どもたちが多いクラスに入り、支援《しえん》しました。そこで経験したことをゼミで共有して、よりよいやり方を協議・検討し、それをまた学校に行って試す。これをくり返すことで、クラスにうまくなじめなかった子がなじめるようになったり、無事に卒業できるようになりました。

二つ目は4年生の時に経験した教育実習です。実習の最終日に生徒たちから色紙をもらいました。その中である女子生徒が、「森本さんのような先生に教えてもらえると生徒は楽しいと思います」と書いてくれました。あまりかかわらなかった子だったので驚《おどろ》いたのと同時に、教育実習をがんばった甲斐《かい》があったなとすごくうれしくなりました。将来、こういう子たちを増やしたいと思って、教員を仕事にしたいという気持ちが固まったんです。

生徒に達成感をもたせたい

大学卒業後は、保健体育の教員として都内の商業高校で4年間勤務した後、現在の工科高校で2年間勤務しています。

体育の授業で行うスポーツは学年と学期ごとに決まっています。たとえば1年生の1学期は柔道《じゅうどう》とソフトボール、2学期は柔道《じゅうどう》と水泳、3学期は柔道《じゅうどう》とサッカーという感じです。

授業をする上で心がけているのは、スポーツを通して子どもたちが新しい発見をしたり、子どもたちに達成感をもたせること。どんな些細《ささい》なことでも、これまでできなかったことが少しでもできるようになれば、大人でもうれしいじゃないですか。そこからまたつぎのチャレンジが生まれます。そのうれしさを感じさせてあげられるような授業、課題の設定の仕方、プロセスを大事にしています。

保健の授業は、思春期の生徒に男女の体の仕組み、妊娠《にんしん》、人工妊娠《にんしん》中絶などの性に関するトピックも教えなければなりません。

そのまま教科書通り教えるのではなく、たとえば家族計画について話す時は、「子どもが生まれたら、中学校に入るまでお金はいくらくらいかかると思う?」という、子どもたちが身近に感じられるところから入ります。また、自分の実体験を話したり、実際のケースを紹介《しょうかい》したりすると、子どもたちは関心をもって真剣《しんけん》に聞いてくれるのです。

現在勤務している高校では、野球部の顧問《こもん》・監督《かんとく》も務めており、甲子園《こうしえん》出場という夢《ゆめ》に向かって部員たちといっしょにがんばっています。高校の時からの念願が叶《かな》って、今はとても充実《じゅうじつ》しています。

やりがいは生徒の成長

仕事のやりがいは、生徒の成長を間近で見られることですね。できなかったことができるようになったとうれしそうに報告してくると、こちらもとてもうれしくなります。また、学校生活の中で生徒の新しい一面が見られた時もすごくワクワクします。これは教員にしか味わえない喜びですね。

異動で前任校を離れる時、卒業式の後だったのに、多くの生徒たちがわざわざ離任《りにん》式に来てくれて、「ありがとうございました!」

生徒たちに、スポーツを通して達成感をもたせたいと思っています　取材先提供

と言ってくれました。何かと手のかかった生徒が涙《なみだ》を流しながら「先生、別の高校に行かないでください」と言ってくれて、がんばってよかったな、教師をやっていてよかったなと思いました。消防士じゃなくて教員の道を選んで、大正解ですね。

在校中には僕《ぼく》の言葉をわかってくれなかったとしても、卒業して何年か経った後、「あの時に森本先生が言っていた意味がわかった」と思ってもらえればそれでいいし、そういう教員をめざしています。

読者のみなさんには、勉強以外で一生懸命《いっしょうけんめい》に打ち込《こ》めるものをもつことをお勧《すす》めします。また、学校内外でいろいろな人と会って話を聞くこと。自分と違《ちが》う考え方にふれるだけで成長のきっかけになるし、そのなかからやりたいことが見つかるかもしれませんからね。

卒業生インタビュー 2

救急隊員として奮闘の日々 すべての授業が生きている

東京《とうきょう》消防庁《しょうぼうちょう》練馬《ねりま》消防署《しょうぼうしょ》

国士《こくし》舘大学《かんだいがく》体育学部スポーツ医科学科卒業

三島《みしま》大史《ひろふみ》さん

山口《やまぐち》県出身。小学５年生から高校まで野球部に所属。救急救命士の国家試験受験資格と保健体育教員の両方の資格が取れる国士舘大学に入学。卒業時に救急救命士の資格を取得し、2017年から東京消防庁練馬消防署で救急隊員として勤務。2022年からは、働く傍《かたわ》ら国士舘大学大学院で救急救命の研究をしている。

救急隊員か保健体育の教員か

高校生の時、目の前で友人が交通事故にあったのですが、自分は何もできませんでした。この時、目の前で傷つき苦しむ人を助けられる人間になりたいと思い、救急隊員を志しました。大学の学部選びで悩《なや》んでいた頃《ころ》、先輩《せんぱい》から、もともと興味をもっていた保健体育の教員と救急救命士の受験資格が得られる数少ない大学だと聞き、国士舘大学体育学部スポーツ医科学科に入学しました。

入学して学び始めてみると、先輩《せんぱい》の話の通り、私にとって最高の環境《かんきょう》でした。講義、実習、体験学習がバランスよく組み合わされており、特に救急救命士として必要な技術や判断能力、救急現場での実践《じっせん》力を習得する実習科目が多かったのです。また、本物の救急車や資器材を使う実習もあったので、本番さながらの緊張感《きんちょうかん》も経験できました。

4年間、同級生とともに一生懸命《いっしょうけんめい》に勉強し、卒業直前に実施《じっし》される救急救命士国家試験に合格。翌年、東京消防庁の採用試験にも合格し、夢《ゆめ》だった消防職員になれました。

救急隊員としての仕事

現在は、東京消防庁練馬消防署で救急隊員として勤務しています。夏や冬は特に通報が多く、当番日は出場指令が鳴り止みません。一日中救急車に乗って、出場し通しです。

仕事のはじめは、指令室からの出場指令です。即座《そくざ》に出場し、救急車で現場へ向かう途《と》中《ちゅう》、通報者に電話で傷病者の状態を確認したり、心臓マッサージや応急手当ての仕方を伝えたりします。

現場に到着《とうちゃく》したら、あらためて状況《じょうきょう》を確認。傷病者を観察して情報収集、適切な処置を行い、担架《たんか》で救急車の中へ搬送《はんそう》します。そして病院を決め、現場を出発。医師に症《しょう》状《じょう》や施《ほどこ》した処置などの情報とともに傷病者を引き継《つ》いだ後、署に戻《もど》ります。

しかし、これで終わりではありません。戻《もど》った後も資器材の念入りな消毒や報告書の作成、つぎの出場に向けての準備など、やるべきことは山のようにあります。そして出場指令を受けると、またすぐに出場します。

傷病者の救急救命処置には、救急救命士にしかできない特定行為《こうい》があり、医療行為《いりょうこうい》も含《ふく》まれています。たとえば、意識がなく呼吸と心臓が止まっている人の気管にチューブを挿入《そうにゅう》して人工呼吸を行う。また、心停止の人に点滴《てんてき》を行いアドレナリンを投与《とうよ》したり、低血糖発作が疑われる患者《かんじゃ》にブドウ糖を投与《とうよ》する処置も特定行為《こうい》です。

救急隊員として仕事をする上で大切にしていることは、「ABC」。「あたりまえのことを、バカにしないで、ちゃんとやる」の頭文字を取った我々《われわれ》の合言葉です。一つひとつのあたりまえの業務でも、油断しないで基本通りに確実にこなさないと、どこかでミスが起こります。そのミスが傷病者にとって不利益に、場合によっては命の危険につながります。だからどんな些細《ささい》なミスでも絶対に許されない。それを防ぐための格言なのです。

人の命が懸《か》かっている仕事なのでプレッシャーは大きいですが、その分、やりがいもおおいにあります。一番うれしいのは傷病者本人やご家族から「助けてくれてありがとう」と感謝された時。救急隊員になってよかったと実感する瞬間《しゅんかん》です。とはいえ、そのために仕事をしているわけではありません。感謝されようがされまいが、同じ真摯《しんし》な気持ちで初心を忘れず、毎回の救急現場に臨むだけです。

救急隊員の仕事に、大学時代に学んだ解剖《かいぼう》生理学や医療倫理《いりょうりんり》、実地さながらの救急処置実習などすべての授業がダイレクトに生きています。また、厳しい大学内外での実習を通して、国士舘大学の教育理念に掲《かか》げる四徳目「誠意・勤労・見識・気魄《きはく》」を養うことができました。そのおかげで、都民の生命を守るという使命のため、どんな過酷《かこく》な状況《じょうきょう》でも乗り切る力を身につけられたのです。

将来は救急隊員を育成する教官に

今後の目標は、救急隊員として一人でも多くの人を助けること。そして将来的には、消

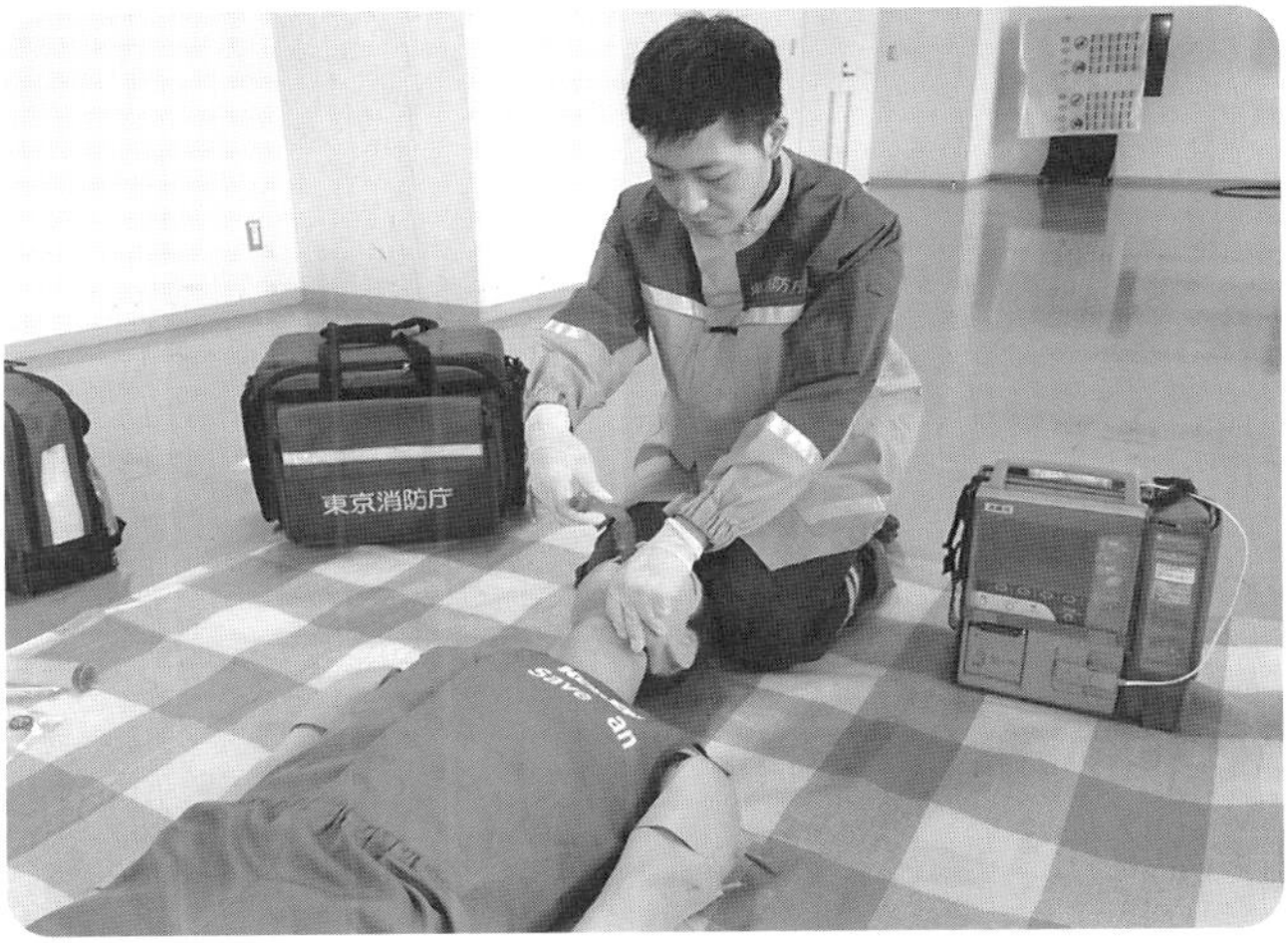

救急隊員として一人でも多くの人を助けたいです

防学校で救急隊員を育成する教官になりたいと考えています。そのため、働く傍《かたわ》ら、国士舘大学大学院救急システム研究科救急救命システム専攻《せんこう》の社会人コースに通い、救急救命処置の効果を研究したり、統計学を学んだりしました。忙《いそが》しい毎日でしたが、目標があるので少しも苦ではなかったです。現在もとても充実《じゅうじつ》した日々を送っています。

こんな私も高校時代は勉強する習慣がついていなかったので、夢《ゆめ》を叶《かな》えるために毎日必死に授業にくらいつき、勉強するくせをつけました。おかげで大学でも社会でも、国家資格の取得や日々の業務にも、とても役に立っています。ふり返ると一生懸命《いっしょうけんめい》勉強したからこそ今の自分があると実感しているので、中高時代に目的意識をもって勉強し、何事にも挑戦《ちょうせん》することをお勧《すす》めします。

大学時代の部活での経験が今の仕事に生きている

卒業生インタビュー
3

楽天野球団《らくてんやきゅうだん》　顧客戦略部ファンサービスグループ
立命館大学《りつめいかんだいがく》スポーツ健康科学部卒業

谷口健人《たにぐちけんと》さん

取材先提供

大阪《おおさか》府出身。小学3年生から高校まで野球部で活動。大学2年生からアメリカンフットボール部に入部し、分析《ぶんせき》・戦略を担当。2014年、楽天野球団に入社。営業、球団グッズの管理・販売促進《はんばいそくしん》、ファンクラブの企画《きかく》運営を経て、現在はファンを増やすためのマーケティングに従事している。

プロ野球チームの運営スタッフとして

大学卒業後、プロ野球チーム「東北楽天《とうほくらくてん》ゴールデンイーグルス」を運営する楽天野球団に就職して、現在はマーケティング担当として働いています。楽天イーグルスは「野球を通じて、夢《ゆめ》と感動を届ける」というビジョンのもと、常に優勝争いができる強いチームと、世界に誇《ほこ》れるボールパークをつくるという目標を掲《かか》げて活動しています。

その目標を達成するためには、たくさんの方にボールパークに来ていただくことが必要不可欠。強いチームづくりには、ファンのみなさまの「応援《おうえん》」と観戦チケット、グッズなどのサービス対価としての「お金」が必要です。そしてチームが強くなれば、より多くのファンの方にボールパークに来ていただける。

このサイクルを回すために、戦略の検討やアプリを中心にファンのみなさまそれぞれに適した情報を届けるという業務を行っています。

試合のある日はスタジアムで、できるだけファンのみなさまとコミュニケーションをとるようにしています。何気ない会話の中から、ファンの方が困っていること・感じていることを知ることができるので、アンケートも含《ふく》めて蓄積《ちくせき》したデータをもとに、リアルな声を日々のマーケティング活動に活かすようにしています。プロスポーツビジネスの世界で働きたいと思っていたので、今は夢《ゆめ》が叶《かな》って幸せな毎日を過ごしています。

仕事に役立つ大学での学び

大学時代に学んだり経験したりしたことが、仕事にとても役立っています。プロスポーツビジネスの世界をめざして、理論と実践《じっせん》を念頭に、組織心理学やビジネス戦略・マーケティングなど、スポーツマネジメントの基礎《きそ》を学びました。3年生からはプロスポーツビジネスを専門とするゼミに入り、グループごとにプロスポーツがかかえる課題を設定して、その解決のための施策《しさく》を研究しました。

また、ゼミの教授にスポーツビジネスの第一線で働いている方々とのつながりがあったため、直接お会いしてヒアリングする機会を得ることができました。まさに僕が将来なりたい職業の人から直接話を聞けて、仕事内容やビジネスの裏側を知ることができたので、とても勉強になりました。

社会人としての土台を築けた部活

今の仕事に生きていると感じるのが、部活

での経験です。２年生からアメリカンフットボール部に入部して、試合を分析《ぶんせき》するアナライザーとして活動しました。アメリカンフットボールにおいて戦略は勝敗を左右するものなので、アナライジングは重要視されています。

その中で培《つちか》ったプレー分析《ぶんせき》が、現在の仕事に活かされています。たとえばフォーメーションごとの相手オフェンスプレー傾向《けいこう》を分《ぶん》析《せき》し、自チームディフェンスはそのプレー傾《けい》向《こう》をもとに、そのつどどのように守るかを選《せん》択《たく》します。相手のプレーを止めるという課題を解決するために分析《ぶんせき》した結果をもとにアクションを起こす、という考え方が仕事に直結していると感じています。

たとえば、ある施策《しさく》で１０００人をボールパークに呼びたいとします。現状の分析《ぶんせき》から、ボールパークに来る可能性の高そうなターゲットを設定して施策《しさく》を検討、適切なタイミングとアプローチ方法で情報を届けます。その後、実績をもとに改善ポイントを見つけて、つぎ以降の施策《しさく》検討に活かします。

この一連の仕事は、アメリカンフットボール部で学んだ考え方の応用です。アナライザーとしての経験、得た知識や培《つちか》ったスキル、体力、スピード感などが生きていると感じます。

軸《じく》をもってあきらめずにチャレンジ

ただ僕《ぼく》も、最初から将来の目標を決めていたわけではありません。高校生の頃《ころ》は、将来やりたいことがわからなかった。好きなことを仕事にしたいという思いだけは強かったので、何が好きなのか、仕事として何がしたいのかを自問自答しました。その中で浮《う》かんで

ファンの方のリアルな声をマーケティングに活かします　取材先提供

きたのがスポーツでした。

　そこで、スポーツについて多角的かつ科学的に学べる立命館大学スポーツ健康科学部に入学しました。その学びの中で、徐々《じょじょ》にやりたいことが絞《しぼ》れて、最終的にプロ野球チームで働くという夢《ゆめ》が決まりました。

　でもこの職種は、採用人数がとても少ないのに希望者が多い狭《せま》き門。だから応募《おうぼ》しても受からないだろうと思っていました。ただ行動しなければ確率はゼロ。ダメ元で応募《おうぼ》したのですが、結果は縁あって採用されました。あの時、どうせうまくいかないからと応募《おうぼ》をあきらめていれば、今の僕《ぼく》はありません。

　だからやりたいことの軸《じく》をもち、可能性が低くてもあきらめずに挑戦《ちょうせん》してみてください。結果が思うようにならなかったとしても、そこから得られるものは必ずあると思います。

真剣な学部選択をして充実した毎日を送る

卒業生インタビュー 4

ミズノ

法政大学《ほうせいだいがく》スポーツ健康学部ヘルスデザインコース卒業

河原田《かわらだ》ひかるさん

福井《ふくい》県出身。高校時代はハンドボール部に所属。大学では社会人のサッカーチームのトレーナーを務め、同時に小中学生向けのハンドボールチームのコーチとして活動。2022年ミズノ入社。仕事やアウトドアで使用するアパレル用品の営業に従事している。

日本屈指《くっし》のスポーツ用品メーカーで

現在、ミズノで営業職として働いています。ミズノといえば野球や陸上競技などのスポーツ用品で有名ですが、実はそれ以外にもさまざまな製品を製造・販売《はんばい》しているんです。私が所属しているライフスタイル営業本部は、日常生活や仕事現場、アウトドアなどで着用するウエアや靴《くつ》などを取り扱《あつか》っています。

主な営業先は、そのような商品を販売《はんばい》しているホームセンター。自社商品を売り込《こ》む商談は、各店舗《てんぽ》に納入する商品を決定するホームセンターの本社でバイヤーと行います。とはいえ、店舗《てんぽ》にもよく行きます。納入していただいた商品と売り場が合っているかの確認や、売れ行きのチェックなどのためです。

大きいホームセンターは、ミズノ製品をた

くさん置いてくれていますが、毎月どんどん、新しくて多種多様な商品が入ってきます。

なので、自社製品の売り場をキープするために、頻繁《ひんぱん》に店舗《てんぽ》に足を運んで担当者と話をしたりと、売り場のメンテナンスも欠かせません。そうすることによって、売り場担当者自身もミズノ製品の売り場をきれいにしておこうとか、私が紹介《しょうかい》した商品を置こうと思ってくれると思うからです。また、単に自社製品を売り込《こ》むだけでなく、商品の陳列《ちんれつ》方法や売り方の提案などもします。

さらに新入社員の今はさまざまな経験を積むために、本来の担当であるホームセンター以外にもデパートや大手ディスカウントストアなどにも行ったりと、課内メンバーの得意先へ同行もしています。

一方で、商品の在庫管理や販売《はんばい》実績管理など事務作業もあります。割合としては外回りと半々くらいです。

大学時代の学びが生きている

大学時代は、スポーツサイエンスについて学びを深めました。具体的には、ハイスピードカメラで各関節の動きや体の重心の変え方を調べたり、モーションキャプチャーや筋電図などを使って筋肉の動きを分析《ぶんせき》したりしました。これらの多くのこと、特にゼミで勉強したスポーツ物理学、バイオメカニクスの知識がとても役に立っています。

たとえば、ミズノの展示会や商談の場で、得意先の担当者に対して商品を説明する時、「通常、床《ゆか》反力で膝《ひざ》にこのくらいの負担がかかるのですが、この商品はこのような機能があるのでこれくらい軽減できるんです」と説明すれば、単に「この商品は膝《ひざ》にいいんですよ」と説明するよりも相手は納得して、仕入れてくれる可能性が高くなります。

原理を知っているからこそ、商品の機能性を科学的根拠《こんきょ》と数値をもとに説明できるわけです。大学で身につけた知識がそのまま仕事で使えること自体が楽しいですし、売上につながればよりうれしいです。

私が扱《あつか》っているライフスタイル関連の商品は、ミズノが現在注力している分野なので、挑戦《ちょうせん》のしがいがあります。たとえばワークシューズは、まだまだ認知度が高いとは言えません。だからこそ、どうすればホームセンターなどの売り場に多く置いてもらえるか、売上を伸《の》ばすことができるか真剣《しんけん》に考えます。先輩《せんぱい》にアドバイスをいただいたりしながら、自分が考えた施策《しさく》が形になるとうれしいし、やりがいを感じます。

そもそもは、大学時代のコーチングの経験から、スポーツをする環境《かんきょう》を整えることの大切さを知り、ミズノでスポーツ施設《しせつ》関係の仕事がしたいと思っていましたが、いろいろな仕事を経験する過程でやりたい仕事がどんどん出てきたので、今後が楽しみです。

学部は真剣《しんけん》に考えて選ぼう

私はそもそも高校生の頃《ころ》から理系の物理や数学が得意で、課題研究の授業でボールの軌《き》道《どう》を物理的に分析《ぶんせき》する流体力学を研究していました。子どもの頃《ころ》からハンドボールをやっていてスポーツが好きで、スポーツサイエンスを大学でも研究したかったので、それが可能な法政大学スポーツ健康学部に入学。

大学時代はやりたい勉強ができたし、それ

どうすれば売上を伸ばすことができるか、真剣に考えます

以外にも人体の仕組みなど興味深い分野についても学べて、充実《じゅうじつ》した4年間でした。

スポーツサイエンスは数学や物理学が必須《ひっす》。私は両方とも得意だったのですが、文系の友人や先輩《せんぱい》はとても苦労していて、もっと理系の学問を勉強しておけばよかったと後悔《こうかい》していました。大学は特定の専門分野について学びを深めていく場。なので、たとえば文系であっても、スポーツを科学的に研究したいと思っている人は、高校時代から物理や数学の基礎《きそ》を学んでおくべきでしょう。

学部選びで自分の将来が左右されると言っても過言ではありません。私は真剣《しんけん》に考えたから結果的に第一志望だったミズノに入社できました。学部選びの際には、やりたい仕事までは考えなくてもいいですが、勉強したいことだけは考えることをお勧《すす》めします。

5章

体育学部・スポーツ科学部をめざすなら何をしたらいいですか？

Q23

体育学部・スポーツ科学部のある大学の探し方・比べ方を教えてください

興味関心や将来の目標、教員で決める

体育学部やスポーツ科学部は、プロアスリート、体育教員、養護教《きょう》諭《ゆ》、スポーツコーチ、トレーナー、スポーツビジネス従事者、救急救命士、研究者など、特定の職業の育成に特化している学科やコースが多い。まずは就きたい職業があるなら、そのためのカリキュラムや設備が充実《じゅうじつ》している大学の学部、学科、コースを調べて選ぶといいだろう。

ただ、将来の夢《ゆめ》や目標が決まっていなくてもだいじょうぶ。この学部が扱《あつか》う学問はとても幅広《はばひろ》いから、興味関心をもてる分野がきっと見つかるはずだ。ある体育学部の教授は、やりたいことがない学生にこそ、この学部に来てほしいと語ってくれたよ。

どんな教員が在籍《ざいせき》しているかもひとつの基準となる。元オリンピック出場者やメダリストなどのトップアスリートやそのコーチ、トレーナー経験者、スポーツ科学のトップ研究者などがいるからその大学を選んだ、という先輩《せんぱい》もいるよ。

また、その学部ならではの特色も、重要な選択《せんたく》基準になるはずだ。たとえば海外留学プログラム。あるスポーツ健康科学部では、ドイツやスペインの名門サッカークラブの練習を見学したり、指導者から講義を受けたり、試合を生で観戦できる実習があるよ。あとは学食が無料という学部もある。栄養バランスの取れたメニューがタダで食べられるのは、一人暮《ひとりぐ》らしの学生にはありがたいよね。ほかにもいろいろあるからよく調べてみよう。

調べ方はさまざまあるけど、まず体育、スポーツ、健康と名のつく学部のホームページや入学パンフレット、大学受験関連の雑誌や書籍《しょせき》を隅々《すみずみ》まで熟読しよう。

そして、各大学が開催《かいさい》しているオープンキャンパスにもぜひ参加してほしい。模擬《もぎ》授業で学ぶ内容や学び方などが具体的にイメージできるし、先輩《せんぱい》や教員などに聞きたいことを直接聞けるほか、実技や実習で使用する設備も確認できる。それに、立地・環境《かんきょう》・雰囲《ふんい》気《き》などは行ってみないとわからないこともある。4年間を過ごすわけだから大事だよね。

また、この学部は都心部から離《はな》れている大学が多いから、その点も要チェックだ。オープンキャンパスに参加して、「この大学の体育学部に決めた！」という先輩《せんぱい》もいるよ。

さまざまな視点・特色・方法で調べ、キャンパスに行ってみよう

Q24 かかわりの深い教科はなんですか？

そのものズバリの保健体育

特に体育学部と直接的にかかわりの深い教科といえば、その名の通り保健体育だ。この授業で学ぶ体の動かし方や、授業としてのスポーツの楽しみ方、人間の体についての基礎《きそ》知識はそのまま大学で学ぶ基盤《きばん》となる。

数学・物理・生物などの理系科目は欠かせない

たとえば、スポーツ科学部ではハイスピードカメラやモーションキャプチャーなどを使って人の動きをとらえ、コンピュータを使って分析《ぶんせき》、解析《かいせき》したり、心拍《しんぱく》数など臓器組織の運動活動の調査のため計算して数値化する授業がある。その際、数学や物理の基礎《きそ》知識が必須《ひっす》となる。授業や課題のレポートなど、日常的に数式を使うので、その基本単位がわからないとかなり苦労する。それだけではなく、トレーナーやコーチも高いレベルをめざす

と、どうしてもサイエンス系の知識が必要になる。

ある先輩《せんぱい》は、「物理学や数学が苦手すぎて理解できず、取りたい単位や資格が取れなくて、高校時代にもっと勉強しておけばよかったと後悔《こうかい》していた学生が少なからずいた」と教えてくれたよ。

英語や国語も重要

今は多くの研究分野の主流、最先端《さいせんたん》は海外がメインになっている。3、4年生になると卒業論文の執筆《しっぴつ》のためにいろいろな文献《ぶんけん》を読まなければならないが、そのほとんどは英語で書かれている。専門的な英語論文を読み取って理解する力が求められるので、英語力は重要。中高時代から苦手意識のある人は解消しておこう。

また、大学の授業ではいろいろな人と話すので、他人の話を正しく理解して自分の言いたいことを正確に言葉や文章で伝えるためには、コミュニケーション能力が重要となる。

そのため、国語もかかわりが深いと答えてくれた先輩《せんぱい》がたくさんいたよ。

保健体育、物理、数学、英語、国語などとかかわりが深いよ

Q25 学校の活動で生きてくるようなものはありますか？

部活やクラブ活動をがんばる

大学に入ってもスポーツに打ち込《こ》みたい人、競技を続けたい人は、部活動を一生懸命《いっしょうけんめい》がんばろう。

体育学部は野外実習やスポーツの実技授業で体を動かすことが多いので、運動部ならスポーツの開始から終了《しゅうりょう》までの一連の流れ、ケガの原因、処置、予防のノウハウ、スポーツの種目によって鍛《きた》えるべき筋肉など、学べることは多い。

また、運動部だけではなく、科学部や生物部などでいろいろな器具を使って実験、分析《ぶんせき》、検証などを経験したり、生物に関する基礎的《きそてき》な知識を身につけておくと、スポーツ科学部でスポーツサイエンスやヘルスデザインなどを学ぶ時に生きてくるだろう。

グループワークの授業に積極的に取り組む

ゼミは早い大学で1〜2年生から、多くの大学では3年生から始まる。ただ、中高校生時代に演習形式の学びを経験していないと、テーマに沿って調査して結果をレポートにまとめたり、人前で発表して討論することはできないよね。なので、**グループワークの授業に取り組むことをお勧《すす》めする。**中高校生時代に慣れておけば、大学でも順応できるはずだ。

また、みんなの学校の保健体育の先生はほぼ体育学部出身だから、お勧《すす》めの大学や大学生活のこと、大学での学び、就職先、今の仕事に役立っていることなどを聞けば、喜んで教えてくれるだろう。中高生には見えにくい仕事もあるから、その点も聞けばいい。同じように、養護教諭《きょうゆ》に興味のある人は保健室に行って、養護教諭《きょうゆ》にいろいろインタビューしてみよう。実際、今回取材したなかにも、保健体育の先生や部活の顧問《こもん》に母校を勧《すす》められて入学した先輩《せんぱい》もいたよ。将来、体育教師や部活の顧問《こもん》やコーチになりたい人は、体育の授業や部活で先生の教え方に注目して気づいたことをメモしておくと、体育学部の教員養成系の学科やコースに入ってから役立つだろう。

Q24でもふれたけど、この学部での学びは意外と理数系の知識が必要になることが多い。特にスポーツ科学系に進みたい人は、今のうちに数学や物理をしっかり勉強しておこう。

部活、グループワークなどの経験が生きてくる

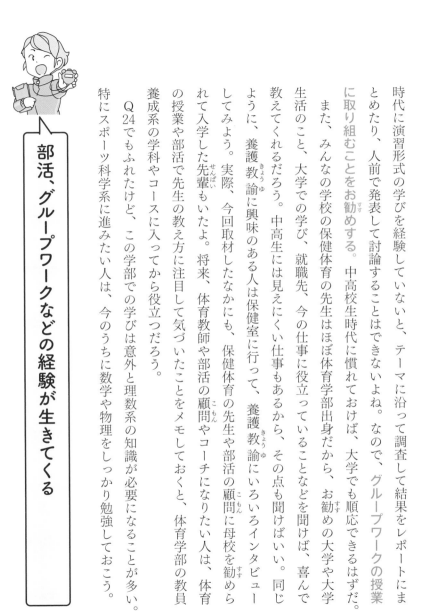

Q26

すぐに挑める体育学部・スポーツ科学部にかかわる体験はありますか？

学科、コースによって大きく違《ちが》う

大学の学科・コースによって違《ちが》うので一概《いちがい》にはいえないが、体育学部は入試科目に１０メートル全力疾走《しっそう》などスポーツ実技テストのあるところが多い。運動部は高校３年生の夏で引退することが多いから、受験までに体力を落とさないよう自主トレをしておこう。

この本をきちんと読んだ人ならわかると思うけれど、体育学部では体だけではなく、頭もおおいに使う。特にスポーツ科学系など学力重視の学部・学科もあるから、勉強する習慣をつけておこう。各種免許《めんきょ》や国家資格を取得したい人ならなおさらだ。

ある先輩《せんぱい》は、「もともと体育やスポーツに特化した大学に入るつもりではなかったし、入学直後はまわりの友だちがスポーツ万能で、『絶対に体育の先生になる』と言っている人もいて、入る大学を間違《まちが》えたかもと思った。でも、勉強していくうちに、興味のある科目が見つかったし、養護教《きょう》諭《ゆ》になるという目標もできた。だから夢《ゆめ》の実現のために、自分がやりたい勉強に打ち込《こ》むことも大事だけど、将来の目標がなくても幅広《はばひろ》く勉強しておくと、いつか役に立つ日が来ると思う」と語ってくれたよ。

また、競技者やコーチをめざす人は、ただスポーツの試合を観て楽しむだけではなく、いろいろなプロスポーツ選手やコーチの動きを見たり、勝敗の原因を分析《ぶんせき》してみることも大事だ。スポーツ関連の書籍《しょせき》を読んだり、スポーツ雑誌などで選手やコーチ、トレーナーのインタビュー記事を読むのもいいだろう。プロスポーツチームのスタッフやスポーツイベントの企画《きかく》運営などスポーツビジネスにかかわりたい人は、試合をテレビで観るだけではなく、実際に会場に足を運んでイベント内容、販売《はんばい》しているグッズの種類、観客の反応、運営スタッフの動きなどを観察するのもお勧《すす》めだ。

実は、いろいろな学問のベースにある体育学は、経済や世界情勢のニュースともかかわりが深い。たとえば紛争《ふんそう》のニュースを見て、現地の子どもたちの生活や健康をおもんぱかることだって、体を育てる学問としては大事だ。そのような視点でニュースや新聞を見たり読んだりするくせをつけておくと、大学に入って学ぶ上で役に立つだろう。

体力づくりやニュースにふれるなど、今すぐできることにチャレンジしてみよう！

著者紹介

山下久猛（やましたひさたけ）

フリーランスライター、編集者。出版社や転職サイトなどで編集、執筆を経て独立。現在はフリーランスとして雑誌、書籍、ウェブサイトの編集、執筆にたずさわっている。テーマは仕事、キャリアなど。さまざまな職業人の仕事観、人生観、歩んできた道のりを聞いて伝えることをライフワークとしている。著書に『魂の仕事人』（河出書房新社）、『大学学部調べ 法学部』『経済学部』（ぺりかん社）、構成に『拘置所のタンポポ――薬物依存 再起への道』（双葉社）などがある。

なるにはBOOKS 大学学部調《だいがくがくぶしら》べ

体育学部《たいいくがくぶ》・スポーツ科学部《かがくぶ》 中高生《ちゅうこうせい》のための学部選《がくぶえら》びガイド

2023年5月1日 初版第1刷発行
2024年4月1日 初版第2刷発行

著者 山下久猛
発行者 廣嶋武人
発行所 株式会社ぺりかん社
〒113-0033 東京都文京区本郷1-28-36
TEL:03-3814-8515(営業)/03-3814-8732(編集)
http://www.perikansha.co.jp/

装幀・本文デザイン ごぼうデザイン事務所
装画・本文イラスト 保田正和
写真 山下久猛
印刷・製本所 株式会社太平印刷社

ISBN978-4-8315-1642-8
Printed in Japan

【なるにはBOOKS】ラインナップ 税別価格 1170円〜1700円

1 パイロット
2 客室乗務員
3 ファッションデザイナー
4 冒険家
5 美容師・理容師
6 アナウンサー
7 マンガ家
8 船長・機関長
9 映画監督
10 通訳者・通訳ガイド
11 グラフィックデザイナー
12 医師
13 看護師
14 料理人
15 俳優
16 保育士
17 ジャーナリスト
18 エンジニア
19 司書
20 国家公務員
21 弁護士
22 工芸家
23 外交官
24 コンピュータ技術者
25 自動車整備士
26 鉄道員
27 学術研究者（人文・社会科学系）
28 公認会計士
29 小学校教諭
30 音楽家
31 フォトグラファー
32 建築技術者
33 作家
34 管理栄養士・栄養士
35 販売員・ファッションアドバイザー
36 政治家
37 環境専門家
38 印刷技術者
39 美術家
40 弁理士
41 編集者
42 陶芸家
43 秘書
44 商社マン
45 漁師
46 農業者
47 歯科衛生士・歯科技工士
48 警察官
49 伝統芸能家
50 鍼灸師・マッサージ師
51 青年海外協力隊員
52 広告マン
53 声優
54 スタイリスト
55 不動産鑑定士・宅地建物取引士
56 幼稚園教諭
57 ツアーコンダクター
58 薬剤師
59 インテリアコーディネーター
60 スポーツインストラクター
61 社会福祉士・精神保健福祉士
62 中小企業診断士
63 社会保険労務士
64 旅行業務取扱管理者
65 地方公務員
66 特別支援学校教諭
67 理学療法士
68 獣医師
69 インダストリアルデザイナー
70 グリーンコーディネーター
71 映像技術者
72 棋士
73 自然保護レンジャー
74 力士
75 宗教家
76 CGクリエータ
77 サイエンティスト
78 イベントプロデューサー
79 パン屋さん
80 翻訳家
81 臨床心理士
82 モデル
83 国際公務員
84 日本語教師
85 落語家
86 歯科医師
87 ホテルマン
88 消防官
89 中学校・高校教師
90 動物看護師
91 ドッグトレーナー・犬の訓練士
92 動物園飼育員・水族館飼育員
93 フードコーディネーター
94 シナリオライター・放送作家
95 ソムリエ・バーテンダー
96 お笑いタレント
97 作業療法士
98 通関士
99 杜氏
100 介護福祉士
101 ゲームクリエータ
102 マルチメディアクリエータ
103 ウェブクリエータ
104 花屋さん
105 保健師・養護教諭
106 税理士
107 司法書士
108 行政書士
109 宇宙飛行士
110 学芸員
111 アニメクリエータ
112 臨床検査技師
113 言語聴覚士
114 自衛官
115 ダンサー
116 ジョッキー・調教師
117 プロゴルファー
118 カフェオーナー・カフェスタッフ・バリスタ
119 イラストレーター
120 プロサッカー選手
121 海上保安官
122 競輪選手
123 建築家
124 おもちゃクリエータ
125 音響技術者
126 ロボット技術者
127 ブライダルコーディネーター
128 ミュージシャン
129 ケアマネジャー
130 検察官
131 レーシングドライバー
132 裁判官
133 プロ野球選手
134 パティシエ
135 ライター
136 トリマー
137 ネイリスト
138 社会起業家
139 絵本作家
140 銀行員
141 警備員・セキュリティスタッフ
142 観光ガイド
143 理系学術研究者
144 気象予報士・予報官
145 ビルメンテナンススタッフ
146 義肢装具士
147 助産師
148 グランドスタッフ
149 診療放射線技師
150 視能訓練士
151 バイオ技術者・研究者
152 救急救命士
153 臨床工学技士
154 講談師・浪曲師
155 AIエンジニア
156 アプリケーションエンジニア
157 土木技術者
158 化学技術者・研究者
159 航空宇宙エンジニア
160 医療事務スタッフ
学部調べ 看護学部・保健医療学部
学部調べ 理学部・理工学部
学部調べ 社会学部・観光学部
学部調べ 文学部
学部調べ 工学部
学部調べ 法学部
学部調べ 教育学部
学部調べ 医学部
学部調べ 経営学部・商学部
学部調べ 獣医学部
学部調べ 栄養学部
学部調べ 外国語学部
学部調べ 環境学部
学部調べ 教養学部
学部調べ 薬学部
学部調べ 国際学部
学部調べ 経済学部
学部調べ 農学部
学部調べ 社会福祉学部
学部調べ 歯学部
学部調べ 人間科学部
学部調べ 生活科学部・家政学部
学部調べ 芸術学部
学部調べ 情報学部
学部調べ 体育学部・スポーツ科学部
学部調べ 音楽学部
学部調べ 心理学部

―― 以降続刊 ――

※一部品切・改訂中です。 2023.10.